Colección: *In memoriam Historia*
Breve Historia de Inglaterra, de Gilbert Keith Chesterton
© Traducción Francisco Gijón, 2017
© Ediciones RG, 2017

Gilbert Keith Chesterton

BREVE HISTORIA DE INGLATERRA

Traducción de Francisco Gijón
Corregida y editada por Gloria López De los santos

I
INTRODUCCION

Con sobrada razón se me podría preguntar que cómo me atrevo, aun bajo el estímulo de un desafío, a componer un ensayo sobre la historia inglesa, por muy popular que aspire a ser, yo, que no pretendo lucir con erudición de especialista; yo, que no soy más que un hombre del público. A esto respondo que se al menos lo bastante para asegurar que todavía no ha escrito nadie una historia desde el punto de vista del público. Las que solemos llamar historias populares, más bien debieran llamarse antipopulares. Todas, casi sin excepción, están concebidas en contra del pueblo: o lo ignoran, o intentan demostrar laboriosamente sus errores. Verdad es que Green llama a su libro Pequeña historia del pueblo inglés. Pero parece haberse figurado que al pueblo le importaba un comino el nombre que le dieran. Llama, por ejemplo, «La Inglaterra puritana» a una parte de su obra, e Inglaterra nunca fue puritana tan justo sería denominar «La Francia puritana» al advenimiento de Enrique el navarro. Con igual razón, un historiador del partido Whig pudiera entonces titular «La Irlanda puritana» al capítulo sobre las campañas de Wexford y Drogheda.

Pero donde las llamadas historias populares contrarían de modo más manifiesto las tradiciones populares, es en lo concerniente a la Edad Media. Hay un contraste casi cómico entre lo que nos dicen sobre la Inglaterra de estos últimos siglos que ha visto desarrollarse el sistema industrial moderno y lo que nos cuentan de los otros siglos anteriores o medievales. Un humilde ejemplo dará idea del arte de guardarropía con que se pretende salir del paso cuando se trata de ilustrar la era de los abades y los cruzados.

No hace muchos años apareció una enciclopedia popular destinada, amén de otras cosas, a difundir entre las masas el conocimiento de nuestra historia. Hojeándola, doy con una serie de retratos de los monarcas ingleses. Nadie iba a figurarse que todos fueran auténticos, pero por eso mismo interesaban más los que tenían que ser, a la fuerza, reconstrucciones imaginarias. En la literatura de cada época nunca faltan materiales excelentes para reconstruir el retrato de personajes como Enrique II o Eduardo. Pero los autores de la enciclopedia no se fatigaron en buscarlos ni se les ocurrió aprovecharlos.

Así, en la estampa que pretende ser Esteban de Blois, veo —¡oh sorpresa!— un caballero cubierto con uno de esos yelmos de bordes de acero, retorcidos como cretiente, propios del tiempo de las lechuguillas y el calzón corto. Y tengo mis sospechas de que la cabeza procedía de alguno de esos alabarderos que, en los cuadros de historia, presencian, por ejemplo, la ejecución de María, reina de los escoceses. El alabardero llevaba un yelmo; el yelmo, ¿no es cosa medieval? Pues cátate que cualquier yelmo viejo le vendrá muy bien al rey Esteban.

Figurémonos ahora que el lector, buscando el retrato de Carlos I, se encuentra, en lugar de él, con la cabeza de un guardia. Supongamos que esta cabeza, con su moderno yelmo inclusive, procede de una instantánea: sea, por ejemplo, la detención de Mrs. Pankhurst, publicada en el Daily Sketch. Yo creo que podemos jurarlo: el lector se negará rotundamente a admitir la tal cabeza por retrato hecho en vida de Carlos I. Lo menos que pensará es que se trata de una equivocación inconsciente, de una «errata». Y, con todo, el tiempo que va del rey Esteban a la reina María es mucho mayor que el que media entre la época de Carlos I y la nuestra. La revolución operada en la sociedad entre los primeros cruzados y el último de los Tudores, es inconmensurablemente más profunda y completa que cuantos cambios ha podido haber de Carlos acá. Y, sobre todo, aquella revolución debe considerarse como esencialísima en toda obra que pretenda ser historia popular. Porque esa revolución nos hace ver cómo alcanzó nuestro pueblo sus máximas conquistas, y cómo, hoy por hoy, ha venido a perderlas todas.

Y después de esto, creo poder afirmar con toda modestia que no estoy tan ayuno de historia inglesa, y que tengo tanto derecho para emprender un resumen popular de ella como el que le plantó al cruzado un casco de alabardero.

Pero lo más curioso, lo más asombroso de esos libros que digo, es el descuido, la completa omisión más bien de cuanto atañe a la civilización medieval. Sí; las historias populares excluyen sistemáticamente el estudio de las tradiciones populares. Al obrero, al carpintero, al tonelero, al albañil, les han enseñado que la Carta Magna es algo tan remoto como el pingüino, con la diferencia de que su casi monstruosa soledad no se debe a que se haya quedado atrás, sino a que se adelantó a su tiempo. Pero nunca les han dicho que la tela misma de la Edad Media está tramada con el pergamino de las cartas y privilegios; que la sociedad fue en otro tiempo un verdadero sistema de cartas, y esto en un sentido que precisamente le interesa mucho al obrero. El carpintero ha oído hablar de las cartas de los barones, dictadas, sobre todo, en apoyo de los privilegios de los barones; pero nunca le han dicho una palabra sobre las cartas de los carpinteros, de los toneleros y demás gremios parecidos. Los chicos, educados con los mecánicos manuales de escuela, lo único que saben del burgués es que era un señor encamisado con una soga al cuello.

No se figuran, seguramente, lo que el burgués significó en la Edad Media. Los tenderos de la era victoriana son incapaces de imaginarse a sí mismos tomando parte en aventuras tan romancescas como la de Courtral, donde los tenderos de la Edad Media conquistaron, efectivamente, sus espuelas. Y más aún, puesto que conquistaron las de sus enemigos.

Finalmente, para contar lo poco que se me alcanza de esta verdadera historia, ofrezco una muy sencilla excusa y razón. En mis muchas andanzas he tenido ocasión de conocer a un hombre que habla vivido relegado a las últimas dependencias de una gran casa, sólo alimentado con los desperdicios, y cargado, en cambio, con todos los trabajos. Sé que pretenden sofocar sus quejas y justificar su miserable estado con unas historias que le cuentan: de cómo su abuelo fue un chimpancé, de cómo fue su padre un hombre silvestre cogido por unos cazadores, quienes le domesticaron hasta reducirle a un término cercano a la inteligencia. A la luz de estas explicaciones, el pobre hombre debe vivir agradecido de la existencia casi humana que ahora disfruta, y contento con la esperanza de dejar tras de sí un animal algo más evolucionado. Pero he aquí que el sagrado nombre de Progreso, con que semejante historia se ampara, dejó de satisfacerme en el punto mismo en que sospeché —y descubrí— que era una impostura. Y ahora se ya lo bastante sobre el origen de mi hombre, para darme cuenta de que no viene evolucionando desde abajo, sino que, sencillamente le han desposeído de su puesto natural. Su árbol genealógico no tiene nada de común con el árbol del mono, si no es que en sus ramas haya podido columpiarse algún mono. Su árbol es más bien como el árbol invertido —las raíces al aire—, que figura en el escudo de aquel caballero misterioso. cuyo emblema dice: «Desdichado».

II
LA PROVINCIA DE BRITANIA

Este suelo en que los ingleses vivimos gozó un día del alto privilegio poético de ser el término del mundo. Su extremidad era la última Thule, la otra punta de la nada. Cuando estas islas, perdidas en la noche de los mares del Norte, se revelaron al fin bajo los potentes faros de Roma, el mundo sintió que había alcanzado el límite más remoto de la tierra: objeto, más que de posesión, de orgullo. Tal sentimiento no era impropio, aun bajo el concepto geográfico. En estos reinos que están al extremo de la tierra había realmente algo que pudiéramos llamar extremado.

La antigua Britania es, más que una isla, un archipiélago; por lo menos es un laberinto de penínsulas. Difícil será encontrar, aun en las regiones más parecidas, tan extrañas irrupciones del mar en los campos y de los campos en el mar. Sus grandes ríos no sólo concluyen al llegar al Océano, pero apenas parecen dividirse entre sus colinas. El conjunto de la tierra, aunque bajo en su totalidad, se inclina visiblemente al Oeste sobre las espaldas de sus montañas; y una tradición prehistórica aconseja buscar hacia donde se pone el sol otras islas todavía más fantásticas.

Y los insulares tienen la condición de la isla que habitan. Aunque diferentes entre sí, las naciones en que hoy la vemos dividida —escoceses, ingleses, irlandeses, galeses de las mesetas occidentales— nada tienen de común con la pesada docilidad del germano del continente o con el *bon sens franeais*, que ya resulta muy agudo, ya muy trivial. Cierto: algo hay de común entre los británicos, algo que ni siquiera las leyes de unión lograron disolver. Y el nombre que más le conviene a esta condición común es el de inseguridad, cosa natural en hombres que andan sobre escarpaduras y pisando sobre los extremos de lo conocido. La aventura, el solitario, amor de la libertad, el humorismo sin seso, son caracteres que desconciertan a sus críticos tanto como a ellos mismos. Sus almas, como sus cosas, son agitadas. Viven en un continuo embarazo —todos los extranjeros lo notan—, que tal vez se manifiesta en el irlandés por la confusión del lenguaje, y en el inglés, por la confusión del pensamiento. Porque el disparate irlandés consiste en tomarse libertades con los símbolos del lenguaje; pero el disparate del legítimo John Bull, el disparate inglés, es una atrocidad de pensamiento, una mixtificación que reside en la mente. Se diría que hay una duplicidad en estos espíritus. como la de un alma reflejada en múltiples aguas. Son, de todos los pueblos, los menos afectos a la pureza clásica, aquella imperial sencillez en que los franceses se desenvuelven con finura y los alemanes con rudeza, pero que está del todo vedada a los británicos. Son unos perpetuos colonizadores y emigrantes; y es proverbial que dondequiera se instalan como en su casa. En cambio, en su propia tierra viven como unos desterrados. Siempre divididos entre el amor del hogar y el ansia de otra cosa distinta, el mar pudiera ser la explicación o, acaso, solamente el símbolo de su alma. Así nos lo dice una innominada canción de cuna, que es el verso más bello de la literatura inglesa y el estribillo tácito de todos los poemas ingleses: «Sobre las colinas, y aún más allá...»

El gran héroe nacionalista que conquistó la Britania, parézcase o no al sobresaliente semidiós de César y Cleopatra, era ciertamente un latino entre los latinos; él ha descrito nuestras islas con el seco positivismo de su pluma de acero. Y, sin embargo, el breve relato de Julio César sobre los británicos despierta en nosotros esa sensación de misterio, que es mucho más que la simple ignorancia de los hechos. Parece que estaban regidos por esa cosa terrible: el sacerdocio pagano. Unas piedras, ya sin contornos definidos, pero dispuestas según figuras rituales, dan hoy testimonio del orden y la laboriosidad de los hombres que las acarrearon. Tal vez no tenían más culto que el de la Naturaleza; y aunque esto puede haber contribuido a determinar los caracteres fundamentales que siempre han Informado las artes de la isla, el choque entre este culto y la tolerancia del Imperio denuncia la presencia de un elemento que generalmente brota del naturalismo y que es lo no natural.

Pero César nada nos dice sobre estos extremos de la controversia moderna; nada sobre si el lenguaje de este pueblo era céltico, y sabido es que algunos nombres de lugar permiten, suponer que, en ciertas comarcas al menos, era ya teutónico. Yo nada puedo aquí afirmar sobre la verdad de estas especulaciones, aunque sí sobre su importancia. Y su importancia, hasta donde afecta a mi objeto actual, ha sido muy exagerada. César no se proponía más que darnos una impresión de viajero; pero cuando, tiempo después, los romanos volvieron y transformaron la Britania en una provincia romana, siguieron considerando con singular indiferencia todas esas cuestiones que tanto excitan la curiosidad de los profesores de hoy. Lo que a ellos les preocupaba era hacer en la Britania lo que habían hecho en las Galias. No sabemos si los británicos de entonces o los de ahora son iberos, cimbrios o teutones; sólo sabemos que ya al poco tiempo eran romanos.

De cuando en cuando aparecen en Inglaterra algunos vestigios; por ejemplo, un pavimento romano. Estas antigüedades romanas, más que robustecer, empobrecen la realidad romana. Ellas hacen ver como distante lo que todavía está muy cerca, como muerto lo que está vivo. ¡Que sería plantar el epitafio de un hombre en la puerta de su morada! Hasta podría ser un cumplimiento, pero de ningún modo una presentación personal. Lo importante para Francia y para Inglaterra no es poseer vestigios romanos, sino ser vestigios romanos. Y más que vestigios son reliquias, puesto que todavía operan milagros. Una fila de álamos es una reliquia romana más legítima que una fila de pilares.

Casi todo lo que llamamos obra de la Naturaleza es como una fungosidad nacida en torno a la primitiva obra del hombre, y nuestros bosques son los musgos que visten los huesos de un gigante. Bajo la simiente de nuestras cosechas y las raíces de nuestros árboles, hay construcciones de que los fragmentos de teja y ladrillo no son más que emblemas destacados; y bajo los mantos de color de nuestras flores campestres yacen los colores del mosaico romano.

Britania fue completamente romana por cuatrocientos años cabales; mucho menos tiempo ha sido tierra de protestantes, y muchísimo menos ha sido pueblo industrial. Y lo que quiere decir romano hay que aclararlo aquí brevemente, so pena de no entender lo que sucedió después y, sobre todo, inmediatamente después de la romanización. Ser romano no significaba ser súbdito, como en el caso de la tribu salvaje que esclaviza a otra, o en el sentido que pudiera darle el cínico político de nuestro tiempo que espera, con abominable expectación, el descaecimiento de Irlanda.

Conquistadores y conquistados, ambos eran paganos, y ambos tenían instituciones en que vemos la inhumanidad del gentilismo: el alarde del triunfo, el mercado de esclavos, la ausencia de ese sensitivo nacionalismo de la historia moderna. Pero si algo supo hacer el Imperio romano no fue destruir naciones, antes crearlas. Los británicos no estaban orgullosos de serio, sino de ser romanos. El acero romano tanto era una espada como un imán; o más bien era un espejo redondo en que venían a contemplarse todos los pueblos. En cuanto a la Roma propiamente tal, la pequeñez misma de su origen cívico era una garantía para la amplitud del experimento cívico. Claro es que Roma sola no hubiera podido gobernar el mundo; es decir, no hubiera podido gobernar a las demás razas como el espartano gobernaba al ilota, o como el norteamericano gobierna al negro. Una máquina tan enorme tenía que ser muy humana; tenía que poseer un manubrio que conviniese a cualquiera mano. El Imperio romano era menos romano al paso que lograba ser más imperio; no ha transcurrido mucho tiempo desde que Roma daba conquistadores a Britania, cuando ya Britania da emperadores a Roma. De la Britania, como se complacen los británicos en recordarlo, de la Britania procedía la emperatriz Elena, madre de Constantino. Y fue Constantino, como es bien sabido, quien hizo fijar aquella proclama que las posteriores generaciones han estado luchando o por mantener o por arrancar.

Porque ningún hombre ha podido ser indiferente respecto a la revolución cristiana; y tampoco ha de pretenderlo el autor de este libro. Sin dejar de ser paradoja, hace mucho que es un lugar común el decir de aquella revolución que ha sido la más revolucionaria de todas, puesto que identifica al cadáver que pende de una picota servil con el Padre que está en los cielos.

Pero la cuestión tiene también una fase histórica importante. Sin añadir una palabra sobre su tremenda significación espiritual, es fuerza advertir aquí que también la Roma precristiana conservó por mucho tiempo cierto fulgor místico a los ojos de los europeos. Este sentimiento culmina tal vez en Dante; pero invadió por completo la vida medieval, y, por consiguiente, se refleja todavía en el mundo moderno. Roma aparecía como una representación del Hombre, potente, aunque caído, porque era lo más grande que el Hombre había realizado. Era teológicamente necesario que Roma triunfara, así fuera sólo para caer después. Y la teoría de Dante implica la paradoja de que los soldados romanos daban muerte a Cristo, no sólo por derecho, sino por derecho divino.

Para que la ley fracasara al ser sometida a la prueba superior, tenía que ser verdadera ley, y no una simple ilegalidad militar. De suerte que la mano de Dios se manifiesta en Pilatos como en Pedro. Por eso el poeta de la Edad Media se empeña en probar que el gobierno romano era simplemente un buen gobierno, no una usurpación. Porque el tema esencial de la revolución cristiana estaba en mantener que aun el buen gobierno es tan malo como el malo; que ni el buen gobierno lo es bastante para reconocer a Cristo entre los ladrones. Y esto no sólo es trascendental por suponer una transformación plena del espíritu; la caída del paganismo se explica por la completa insuficiencia de la ciudad y del Estado; de donde una como ley eterna que lleva en su seno el germen eterno de la rebelión. Hay que tenerlo bien presente cuando se estudia la primera mitad de la historia inglesa: de aquí nace toda la pugna entre sacerdotes y monarcas.

Por mucho tiempo se mantuvo el doble gobierno de la civilización y la religión; y en todas partes sucedía lo mismo, antes de que sobreviniera el primer conflicto. Y dondequiera que este conflicto se produce, acaba por un estado de igualdad. Existía la esclavitud, desde luego, como en los Estados más democráticos de la antigüedad; también existía un rígido «oficialismo», como en los Estados más democráticos de nuestros días.

Pero no había nada parecido a lo que hoy llamamos aristocracia, y menos a lo que llamamos dominio de una raza sobre otra. Era aquélla una sociedad con dos niveles: el de ciudadanos iguales y el de esclavos iguales; y todo cambio que se producía en ella suponía un crecimiento paulatino del poder eclesiástico a expensas del imperial. Y nótese que la gran excepción a la igualdad —la esclavitud— se iba lentamente modificando al impulso de esta doble causa. Se debilitaba a la vez con la disolución del Imperio y con la consolidación de la Iglesia. La esclavitud no constituía para la Iglesia una dificultad de doctrina, sino un hábito de imaginación por rectificar. Aristóteles y los demás sabios de la gentilidad, que definieron las artes serviles o «útiles», habían enseñado a ver en el esclavo un instrumento, un hacha para cortar madera o lo que se hubiera de cortar. El cortar no lo condenaba la Iglesia, pero le parecía que aquello era cortar vidrio con diamante, donde se está siempre bajo la sensación de que el diamante es mucho más precioso que el vidrio. Y el cristianismo no se conformaba con la sencilla noción pagana de que el hombre ha nacido para trabajar, viendo que sus obras son menos inmortales que el hombre. Al llegar a este punto de la historia inglesa hay la costumbre de referir una frase, una ingeniosidad de Gregorio Magno; y, en efecto, éste es el momento de referirla. Según la teoría romana, los siervos bárbaros eran cosas útiles; pero el misticismo del santo le hizo ver en ellos cosas ornamentales: «Non Angli sed Angeli", exclamó; que puede traducirse: «No son esclavos, sino almas.» Y nótese de paso que en el país moderno más colectivamente cristiano, Rusia, siempre se les ha llamado «almas» a los siervos. La palabra del gran Pontífice, tan traída y llevada, es tal vez el primer vislumbre de esos halos dorados que se admiran en las joyas del arte religioso.

La Iglesia, pues, sean cuales fueren sus errores, procuraba, por su misma naturaleza, mayor igualdad social; y es una equivocación figurarse que la jerarquía eclesiástica trabajaba de acuerdo con la aristocracia o tenía algo de común con ella. Era una inversión de la aristocracia; en su término ideal cuando menos, los últimos habían de ser los primeros. Aquella paradoja irlandesa: «un hombre vale tanto como otro, y mucho más» esconde esa secreta verdad que a veces se halla en las contradicciones; en el caso, esconde una verdad que es el eslabón entre el cristianismo y la ciudadanía. El santo es el único ser superior que no deprime la dignidad de sus semejantes: no tiene conciencia de su superioridad ante ellos, pero la tiene más que ellos de su propia inferioridad.

Y mientras millares de monjes y sacerdotes minúsculos iban royendo, como ratones, las ligas de la servidumbre, otro proceso se operaba: el debilitamiento del Imperio. Este proceso resulta difícil de explicar hasta en nuestros días. Afectaba a todas las instituciones de todas las provincias, y especialmente a la esclavitud. Y de todas las provincias, la que más había de resentirlo era la Britania, que caía en los límites del Imperio, y más allá. Sin embargo, no se puede considerar aisladamente el caso de Britania. La primera mitad de la historia inglesa ha venido a ser incomprensible en la escuela, por el prurito de contarla sin atender al conjunto de la cristiandad en que tuvo su parte y gloria. Yo estoy con Mr. Kipling cuando pregunta: «¿Qué conocerá de Inglaterra quien sólo a Inglaterra conoce?»; y solamente me aparto de él cuando pretende que hay que ensanchar las inteligencias mediante el estudio de Wagga-Wagga y Tumbuctú. Es, pues, necesario, aunque difícil, decir en unas cuantas palabras lo que acontecía en el resto de la raza europea.

La misma Roma, creadora de todo este mundo poderoso, era el punto más débil. El centro se había ido desvaneciendo, y ahora ya desaparecía. Roma había libertado al mundo al paso que lo gobernaba, y ya no podía gobernarlo. Salvo la presencia del Papa y su creciente prestigio sobrenatural, la Ciudad Eterna no se distinguía de cualquiera de sus ciudades provincianas. El resultado fue la aparición, no de un ánimo de rebeldía, sino de un amplio localismo. Algo de anarquía, pero nunca sublevación. Porque la rebelión requiere principios y, en consecuencia, autoridades. Gibbon dio a su gran desfile histórico en prosa este nombre: Decadencia y caída del Imperio romano. Y el Imperio decayó, es verdad; pero no cayó: que aún perdura.

Mediante un proceso mucho más indirecto que el de la Iglesia, esta descentralización, este impulso, también vino a socavar la antigua esclavitud. En efecto, el localismo había de dar lugar a esa elección de jefes territoriales que llamamos feudalismo, y de que a su tiempo hablaremos. Pero el localismo tendía a destruir la posesión directa del hombre por el hombre, si bien esta Influencia meramente negativa nada vale junto a la influencia positiva de la Iglesia católica. La esclavitud pagana de los últimos tiempos, como nuestro moderno industrialismo —que se le parece más cada día—, se desarrolló en tal escala, que al cabo ya no fue posible regirla. El esclavo acabó por sentirse más extraño a su remoto y tangible señor que a ese otro nuevo Señor intangible de la nueva creencia. El esclavo se transformó en siervo; es decir, podían encerrarle, pero no podían dejarle afuera. Ya pertenecía él a la tierra; pronto le pertenecería a él la tierra.

Aun en la lengua vieja y artificial de la esclavitud mobiliaria hay aquí una diferencia: la diferencia entre el hombre concebido como silla y el hombre concebido como casa.

Canuto puede pedir su trono; pero si quiere su sala del trono, tiene que ir a buscarla por sí mismo; a su esclavo puede ordenarle que acuda; a su siervo sólo puede ordenarle que permanezca donde está. De suerte que las dos lentas transformaciones tendían a transformar al antiguo utensilio en hombre. Este empezó a echar raíces, y de las raíces a los derechos no hay más que un paso.

Y en todas partes ese movimiento implicaba una descivilizacion: el abandono de las letras, las leyes, las carreteras y medios de comunicación, la exageración del color local hasta el extremo del capricho. Ya en los límites del Imperio, semejante descivilización pudo alcanzar el grado de la barbarie definida, en virtud de la vecindad de los salvajes, siempre prontos a suscitar la estéril y ciega destrucción de las cosas por el fuego. Con excepción de la funesta y apocalíptica plaga de langostas de los hunos, es excesivo hablar del diluvio de los bárbaros, aun en las épocas más oscuras, a lo menos cuando se trata del conjunto de la civilización antigua. Pero no es exagerado cuando de los términos del Imperio se trata y sobre todo de aquellos términos con cuya descripción se abren estas páginas. Y en aquel remoto extremo del mundo era la Britania.

Puede ser verdad, aunque no esté probado, que la misma civilización romana fue más débil en la Britania que en otras partes; en todo caso, era ya una civilización muy civilizada. Concentrábase en torno a grandes ciudades como York, Chester, Londres; porque sépase que las ciudades son más antiguas que los condados y mucho más que los pueblos. Las ciudades se comunicaban mediante un sistema de carreteras, que eran y son los huesos del esqueleto de la Britania. Pero al desmayar la antigua Roma, los huesos se fueron quebrando bajo el peso de la barbarie, y la del Norte la primera : la de los pictos que vivían más allá de las marcas de Agrícola, en las llanuras bajas de Escocia.

Toda esta época tormentosa está llena de alianzas temporales entre las tribus, por lo común de carácter mercenario, y de pagos que se hacían a los bárbaros con el objeto de atraerlos o con el de alejarlos. Y parece probado que, en medio de aquella confusión, la Britania romana compraba los auxilios de las razas más rudas que vivían en esa garganta de Dinamarca donde hoy está el ducado de Schleswig. Aunque se les llamara para pelear contra un enemigo determinado, ellos, naturalmente, peleaban contra todos. Y sobrevino entonces un siglo de combate continuo, bajo cuyas trepidaciones el viejo suelo romano se partía en diminutos fragmentos. Acaso es lícito disentir del historiador Green cuando afirma que no puede haber para un inglés moderno lugar más sagrado que los alrededores de Ramsgate, donde se supone que desembarcó la gente de Schleswig, o cuando aventura que la historia de nuestra isla comienza verdaderamente con la llegada de estos pueblos. Acaso sea más exacto decir que ese momento marca aproximadamente, para la historia de Inglaterra, el principio del fin.

III
LA ERA DE LAS LEYENDAS

GRANDE sería nuestra sorpresa si, en mitad de la lectura de una prosaica novela contemporánea, se nos transformase ésta —sin decir agua va— en un cuento de hadas. Grande si una de las doncellas de Granford, tras de haber barrido el cuarto concienzudamente con su escobita, saliese volando montada en el palo de la escoba. No nos asombraría menos que una de las señoritas de las novelas de Jane Austen, tras de encontrarse con un dragón militar, topase poco más allá con un dragón mitológico. Y el caso es que la historia británica ofrece una transición semejante hacia el final del período estrictamente romano. No bien salimos de hechos racionales y hasta mecánicos, campamentos y obras de ingeniería, atareadas burocracias y tal o cual guerra fronteriza, todo completamente moderno—por su utilidad o su inutilidad—, cuando ya estamos entre campanas errantes y lanzas de encantadores y combates con hombres talludos como los árboles o pequeñines como hongos. Ahora el soldado de la civilización no combate ya contra los godos, sino contra los duendes, y la tierra se vuelve un laberinto de ciudades maravillosas, desconocidas para la Historia. Los eruditos presumen, pero no lo explican, que un gobernador romano o un jefe gales pudo aparecer, a la incierta luz del crepúsculo, bajo los rasgos del tremendo y nonato Arturo. Primero vino la era científica, y tras ella la mitológica. Este contraste se apreciará mejor mediante un hecho que ha repercutido mucho tiempo en la literatura inglesa. Por mucho tiempo se creyó que el estado británico descubierto por Cesar había sido fundado por Bruto. El contraste entre aquel sobrio descubrimiento y esta fantástica fundación es de lo más cómico: se diría que el *Et tu* Brute» de César se convierte en un chusco «¿Conque tú por aquí?» Pero tanto el hecho como la fábula tienen su valor, porque ambos dan testimonio del origen romano de nuestra sociedad insular, y muestran cómo las tradiciones que parecen prehistóricas pueden no ser más que prerromanas. Cuando la tierra de los anglos era la tierra de los duendes, los duendes no eran los anglos. Todas las palabras que nos sirven para orientarnos en medio de este dédalo de tradiciones son más o menos latinas. Y no hay en nuestra lengua palabra más legítimamente romana que la que da nombre a las leyendas romance.

Las legiones romanas abandonaron el suelo británico en el siglo IV, lo cual no quiere decir que con ellas se fuera la civilización romana, sino que en adelante había de quedar más expuesta a mezclarse o a padecer. Casi es seguro que el cristianismo llegó a Britania por los caminos que abriera Roma; pero con toda certeza llegó antes que la misión oficial romana de Gregorio Magno. Es seguro, además, que posteriores invasiones gentiles, cayendo sobre las indefensas costas, enturbiaban mucho la corriente. Es, pues, lógico suponer que tanto la fuerza imperial como la nueva religión padecieron aquí más que en ninguna otra parte, y que la pintura de la civilización general, intentada en el anterior capítulo, no es absolutamente fiel. Pero no está ahí lo más importante.

Un hecho fundamental gobierna toda la época, y el penetrarlo no es imposible para un hombre de hoy, con sólo invertir su pensamiento. Hay en la mente moderna una asociación íntima entre las ideas de libertad y de futuro. De toda nuestra cultura surge la noción de que han de venir mejores días. Y los hombres de las Edades bárbaras estaban convencidos de que se habían ido los días felices. Creían ver la luz hacia atrás, y hacia adelante adivinaban la sombra de nuevos daños. Nuestra época ha presenciado la lucha entre la fe y la esperanza, que acaso debe de ser resuelta por la caridad. Y en cambio, la situación de aquellos hombres era tal, que esperaban, sí, pero esperaban, si vale decirlo, del pasado. Las mismas causas que hoy inducen a ser progresista, inducían entonces a ser conservador. Mientras más vivo se conservara el pasado, mayor posibilidad de vivir la vida justa y libre; mientras más se dejara entrar el futuro, más ignorancia y más privilegios injustos habría que sufrir.

Todo lo que llamamos razón era uno con lo que llamamos reacción. Y así hay que tenerlo presente al examinar la vida de los grandes hombres de la época; de Alfredo, de Beda, de Dunstano. Si el más radical de nuestros republicanos se trasladara a aquellos tiempos, sería un papista o un imperialista radical. Porque el Papa era todo lo que había quedado del Imperio, y el Imperio, todo lo que había quedado de la República.

Podemos, pues, comparar al hombre de entonces con el viajero que deja tras sí ciudades libres, campos libres, y se va internando en un bosque. Y el bosque es la más propia metáfora, no sólo porque realmente la salvaje vegetación de Europa comenzó a irrumpir aquí y allá por las carreteras romanas, sino también porque la idea del bosque ha despertado siempre otra idea que fue creciendo a medida que el orden romano decaía. La idea del bosque se confunde con la idea del encantamiento, implicando la noción de que las cosas poseen una naturaleza doble o son diferentes de sí mismas; de que las bestias se conducen como los, hombres, y no solamente —diría un ingenioso de los de ahora— los hombres como bestias. Pero recuérdese que a esta era de la magia había precedido la era de la razón. Así, a modo de columna central que sostuviera el pintoresco edificio de la fantasía, creemos ver a un caballero civilizado en medio de los encantamientos salvajes; creemos presenciar las aventuras de un hombre que se ha quedado cuerdo en un mundo que se ha vuelto loco. Otra cosa: con ser aquellos tiempos bárbaros, ninguno de los héroes de sus tradiciones es bárbaro; son héroes por cuanto son antibárbaros. Hombres reales o mitológicos, y muy a menudo lo uno y lo otro, llegaban a ser omnipresentes entre el pueblo, como los dioses, y vivían en las más fugaces memorias y en los relatos más modestos en la exacta medida en que lograban domeñar las torpezas de la gentilidad y preservar la racionalidad cristiana heredada de Roma. Arturo ganó su renombre porque mató a los gentiles; los gentiles que le dieron muerte no gozan de nombre conocido en la Historia. Los ingleses, que desconocen la historia de Inglaterra y todavía más la de Irlanda, han oído hablar de un tal Brian Boru —aunque ellos suelen pronunciar Ború—, y se imaginan vagamente que es un dicho burlesco. Un dicho burlesco cuya gustosa sutileza no les sería dable apreciar si el rey Brian no hubiera derrotado a los gentiles en Irlanda en la gran batalla de Clontarf. Al lector inglés nunca habría llegado el nombre de Olaf de Noruega si éste no hubiera «predicado los Evangelios con la espada», nunca habría llegado hasta ellos el nombre del Cid si este no hubiera combatido a los moros. Y aunque Alfredo "el grande" parece haber merecido este nombre por sólo sus méritos personales, no fue tan grande como la obra que hubo de realizar.

Lo paradójico del caso es que Arturo resulta más real que Alfredo, por ser aquélla una época de leyendas. Ante sus leyendas, los más adoptan por instinto una actitud bastante discreta, porque, de las dos, la credulidad es mucho más discreta que la incredulidad.

No importa gran cosa saber si la mayoría de aquellos relatos es o no verdadera; aquí —como en el problema Bacon-Shakespeare—, darse cuenta de que la cosa no importa es el primer paso hacia la solución.

Pero antes de desechar cualquier intento de reconstrucción de la historia primitiva mediante las leyendas vernáculas, recuerde el lector estos dos principios, ambos encaminados a corregir el escepticismo crudo e insensato que ha acabado por esterilizar tan fecundo suelo:

1) Los historiadores del siglo XIX se sujetaron siempre a la regla de desechar el testimonio de la gente que ha oído contar cuentos, y de aceptar sólo el de aquella clase de gente a quien nadie ha contado nada. Por aquí se ha llegado a despersonalizar completamente a Arturo, en atención a que las leyendas son falaces; y en cambio, de una figura como la de Hengist se ha hecho una personalidad importantísima, simplemente porque nadie la ha considerado bastante hermosa para fantasear a propósito de ella. Esto es contrario al sentido común. A Talleyrand le atribuyen una infinidad de salidas ingeniosas que son plumas de otras cornejas; pero nadie se las habría atribuido si Talleyrand hubiera sido un necio; si un mito, mucho menos. Cuando se cuentan maravillas de alguien, nueve veces de cada diez puede asegurarse que ese alguien existe. Cierto es que algunos conceden la realidad de las hazañas, admitiendo también que en el tiempo que tales hechos sucedieron hubo un hombre llamado Arturo; pero el distingo se quiebra de puro sutil, porque yo no entiendo cómo se puede creer que haya habido un Arca y un Noé, y, sin embargo, seguir negando que haya habido un Arca de Noé.

2) Y he aquí el otro punto que conviene tener presente: durante estos últimos años, las investigaciones científicas han tendido a confirmar, no a disipar, todas las leyendas populares. Sea el ejemplo más sencillo: los modernísimos picos de los excavadores modernos han desenterrado en Creta un sólido laberinto de piedra, que corresponde al del Minotauro, tenido por tan fabuloso como la misma Quimera. A muchos parecerá esto

tan escandaloso como encontrar las raíces del arbusto mágico de Juanito el de los cuentos, o los esqueletos de la alacena de Barba Azul; y, sin embargo, así fue. Además, cuando se trata del pasado, suele olvidarse que —por paradójico que parezca— el pasado sigue siendo presente, aunque hoy ya no es como fue, sino como parece haber sido. Y es que el pasado no es más que un aspecto de la fe. ¿Qué creencias tenían los hombres de ayer sobre sus padres? Materia es ésta en que todo nuevo descubrimiento resulta inútil, por el solo hecho de ser nuevo. Los hombres pueden haberse equivocado respecto de lo que creían ser, pero no respecto de lo que creían pensar. Por eso, a ser posible, conviene imaginar lo que podía figurarse un hombre de estas islas, en la Edad Media, sobre sus antecesores y la herencia que le habían dejado. Intentaré ordenar algunas sencillas nociones, según el grado de importancia que pudieron tener para un hombre de aquella época; si hemos de entender a nuestros padres —que hicieron de este país lo que hoy es—, más nos importa reconstruir su verdadera concepción de la tradición histórica que no su pasado verdadero.

Después de consumado aquel «crimen bendito», como en su candoroso lenguaje le llamaban los místicos —y que fue para aquellos hombres un acontecimiento solo inferior en trascendencia a la creación del mundo el santo José de Arimatea, uno de los contados adeptos de la nueva fe que parecen haber poseído alguna riqueza, se dio a navegar como misionero, y al cabo de fatigosos viajes vino a parar a estas islas que, a los ojos de un hombre del Mediterráneo, eran como las últimas nubecitas del crepúsculo. Desembarco en la costa más occidental y más áspera de esta tierra áspera y occidental, y luego se encamino hacia un valle que los documentos llaman el valle de Ávalon. Las lluvias abundantes. el clima suave de sus praderas occidentales, o quizá el recuerdo de alguna tradición pagana, nos lo presentan como un paraíso terrenal. Aquí fue conducido Arturo, como al cielo, después de haber sido muerto en Leonís. Aquí planto el peregrino su bordón, y éste echo raíces' y empezó a florecer como un árbol de Navidad.

Un toque de materialismo místico distingue al pensamiento cristiano desde sus orígenes: su alma misma es cuerpo. Entre las filosofías estoicas y las negaciones orientales—sus primeros enemigos —combatía valerosamente por aquella libertad sobrenatural que permite curar enfermedades concretas mediante el uso de sustancias concretas. Y las reliquias se esparcían como las semillas. Y todo el que tomó parte en la divina tragedia guardó para sí fragmentos tangibles del Señor, que más tarde habían de ser gérmenes de iglesias y de ciudades, Y San José trajo consigo —hasta ese santuario de Ávalon que hoy recibe el nombre de Glastonbury— el vaso en que se vertió el vino de la última cena y la sangre de la Crucifixión. Y aquel sitio vino a ser el centro de un ciclo universal de leyendas y de poemas para Britania y para Europa. Tal es la tradición, multiplicada y numerosa, del Santo Grial. Poder contemplar el vaso sagrado era la recompensa concedida a aquel coro de paladines valientes que comían con el rey Arturo, en la Tabla Redonda, símbolo de heroica fraternidad imitado más tarde por la caballería de la Edad Media. En la psicología del experimento caballeresco, el vaso y la mesa son objeto de la mayor importancia. La mesa redonda no solo implica universalidad: también igualdad. Implica ella —aunque claro está que con algunos matices— la noción del nombre de «pares» que se aplicó a los caballeros de Carlomagno. Así, la Tabla Redonda es tan romana como el arco redondo, que también pudiera ser un símbolo : en vez de la roca bruta encaramada sobre las otras. El rey era la clave de un arco. A esta tradición de la dignidad igual venía a añadirse un elemento fantástico procedente de Roma, aunque no romano: el Privilegio que invertía todos los privilegios ; el fulgor del cielo preñado de mágicos prestigios; el cáliz volador, oculto para el mayor de los héroes, que sólo habla de aparecer a los ojos de aquel caballero que era casi un niño.

Esta leyenda —con derecho o sin él— prestó a la Britania un pasado caballeresco, y la Britana fue durante siglos un espejo de la universal caballería hecho éste (o sueño) de la mayor trascendencia para el porvenir, y sobre todo, cuando la irrupción de los bárbaros.

Estas y otras leyendas locales han desaparecido bajo la selva de los cuentos que inspiraron. Tanto peor para la seriedad de la mente contemporánea: nuestros padres, que se divertían con tales cuentos, también se tomaban libertades con ellos. Aquellos versos que dicen:

El buen rey Arturo. señor, de esta tierra,
era un noble rey,
y se robó tres celemines de cebada,

están más cerca del espíritu medieval que la aristocrática pompa de Tennyson. Entre estas bufonadas del humor popular, hay, sin embargo, algo de sustancia: y lo debieran tener presente los que sólo reparan en documentos oficiales y desoyen la voz de la tradición. Si el dar crédito a las comadres puede conducir a las mayores extravagancias, a peores términos conduce el sólo dar fe a las que pasan por evidencias escritas cuando no son tales evidencias; si a depurarlas fuéramos, las únicas que valdrían para este primer capítulo de la Historia apenas llevarían unas páginas. Tales evidencias nos hablan de unos cuantos hechos, y no explican ninguno. Y el hecho aislado, desconectado del pensamiento contemporáneo que le presta sentido es mucho más engañoso que una fábula. Saber que el copista puso tal palabra e ignorar lo que significaba con ella, es una famosa insensatez. Será tan imprudente como se quiera el aceptar a la letra la leyenda de Santa Elena, nativa de Colchester e hija del buen rey Cole; pero no lo es tanto, no lo es tanto como, lo que algunos pretenden inferir de ciertos documentos... Es verdad que los naturales de Colchester rendían culto a Santa Elena, y también pudieron tener un rey llamado Cole. La tradición más congruente asegura que el padre de la santa era un hostelero; y el único acto que de él conocemos cuadra bien con esa profesión. Aceptar aquí la leyenda no es tan imprudente como lo sería inferir críticamente, de los testimonios escritos y de la fama de los ostrales de Colchester, que los naturales de Colchester eran ostras.

IV
LA DERROTA DE LOS BÁRBAROS

Usamos el término «corto de vista» a manera de censura; pero no usamos el término «largo de vista», que, según esto, debería ser un elogio. Y, sin embargo, tan enfermedad es lo uno como lo otro. Bien está que digamos de un hombre ruin y confinado a las modernidades que, por ser muy corto de vista, las cosas históricas le dejan indiferente. Pero interesarse sólo en lo prehistórico sería una calamidad no menor, fruto de la muy larga vista. Y esta calamidad ha caído sobre muchos hombres ilustrados, que dan en buscar, entre las tinieblas de las épocas más lejanas, las raíces de su raza o razas favoritas. Las guerras y esclavitudes, las primitivas costumbres matrimoniales, emigraciones colosales y matanzas que sirven de fundamento a sus teorías, todo eso ni es historia ni tampoco leyenda. Antes que fiar de ello ingenuamente, vale más entregarse a la leyenda, por arbitraria y limitada que sea. Por lo menos, conviene dejar muy clara la conclusión de que lo prehistórico no es histórico.

También de otra manera puede aplicarse el sentido común a la crítica de algunas importantes teorías racionales. Supongamos, por ejemplo, que los historiadores científicos nos explican los siglos históricos como consecuencia de una división prehistórica entre el tipo humano de los cortos de vista y el de los largos de vista, proporcionándonos abundantes ejemplos e ilustraciones. Entonces, interpretarían la curiosidad lingüística a que me he referido al empezar el capítulo como consecuencia de haber sido los cortos de vista la raza conquistada, de donde provino el que su nombre pasara a ser término despectivo. Nos darían unas descripciones muy gráficas de la ruda lucha entre las tribus; nos harían ver cómo el pueblo de larga vista resultaba siempre hecho pedazos mientras se combatía con hachas y navajas, hasta que no se inventaron el arco y las flechas, con lo cual la ventaja pasó a los de larga vista, y sus enemigos quedaron hechos polvo. Sería muy fácil escribir un tremendo novelón sobre esta materia, y mucho más escribir una tremenda teoría antropológica. De acuerdo con esa tesis, que reduce todos los cambios morales a cambios materiales, nuestros historiadores podrían explicar el hecho de que los viejos se vuelven conservadores por el bien comprobado de que se vuelven de «larga vista». Pero aún quedaría algo inexplicable para desconcertar nuestros cálculos y desconcertar a nuestros intérpretes. En cfccto supongamos que durante tres mil años de historia, abundantes en toda clase de literatura, no apareciera una sola referencia a esa cuestión de *oculismo*, que era lo que todo lo había provocado y ocasionado; supongamos que en ninguna de las lenguas humanas, vivas o muertas, hubiera una palabra para designar al «largo de vista» y al «corto de vista»; supongamos, en suma, que nunca se hubiera manifestado la menor curiosidad sobre la cuestión que dividió al mundo en dos, hasta que no se le ocurrió proponerla, allá por 1750, a un fabricante de lentes. Creo que en este caso sobrarían razones para dudar de que este accidente físico hubiera tenido la importancia histórica que se le atribuye.

Pues bien: sucede exactamente lo mismo con el accidente físico que divide a los celtas de los teutones, y a éstos de los latinos.

No entiendo por qué a los rubios les ha de estar prohibido enamorarse de las morenas, y tampoco entiendo en qué se han de modificar las ganas de romperle a alguien la cabeza por el hecho de que tenga el cabello lacio o crespo. Según todas las apariencias, según todos los testimonios, en todo han reparado los hombres, menos en estas circunstancias, al matarse o perdonarse la vida, casarse o abstenerse de hacerlo, y entronizar o esclavizar a sus semejantes. En estos casos, lo que influía era el amor a determinado valle o aldea, lugar o familia ; el entusiasmo por un príncipe y su oficio hereditario; la pasión arraigada en la localidad; las emociones asociadas a la gente de tales montañas y tales mares; las memorias históricas de una causa común o alianza, y, sobre todo, la voz inapelable de la religión. Pero del dichoso problema de los celtas y los teutones, que abarcan la mitad de la tierra, de ése, poco o ningún caso se ha hecho.

En ningún momento de la Historia ha sido motivo eficiente la cuestión de raza; menos aún: ni siquiera ha sido una excusa. Los teutones nunca han tenido un credo, nunca tuvieron una causa ; y apenas hace unos cuantos años que han empezado a crear su hipocresía característica : el «cant».

Los historiadores ortodoxos modernos, Green particularmente, advierten que, de todas las provincias romanas, la Britania ha sido la única plenamente repoblada por la raza germánica. No les pasa por la mente, a título de modesta atenuación, la idea de que esta singularidad pueda ser del todo falsa. Refiérese Green a lo poco que sabemos sobre la sociedad teutónica, y nos da de ella una descripción ideal, adornada con uno que otro toque, que hasta el más ligero aficionado desecharía como sospechoso. Asegura, por ejemplo, que «la base de la sociedad teutónica era el hombre libre»; y de los romanos nos dice, en cambio, que «las minas, si estaban sometidas al régimen de trabajos forzosos, han de haber sido un elemento de constante opresión». Cuando es sabido que tanto los romanos como los teutones tenían esclavos, Green sólo toma en cuenta, entre los teutones de ayer y de hoy, al hombre libre; y al referirse después a los romanos, razona diciendo que si el romano trataba muy mal a sus esclavos, los esclavos han de haber sido muy maltratados. Le parece «sumamente extraño» que Gildas, el único cronista británico, olvide la descripción del gran sistema teutónico. Según la opinión de este Gildas, simple variante de la de Gregorio, la' cosa podía definirse así: *non Angli sed diaboli*. Pero al moderno teutonista «le extraña» que la opinión contemporánea no haya visto en los teutones más que lobos, perros y cachorros de la jauría de la barbarie. ¡Como que difícilmente hubiera podido ver otra cosa!

En todo caso, cuando San Agustín arribó a estas tierras profundamente barbarizadas lo cual puede decirse que fue la segunda o tercera misión civilizadora que el Mediodía enviaba a estas islas, no creyó encontrarse con ningún problema etnológico, admitiendo que los hubiera. Con él y sus conversos se reanuda la cadena de los testimonios literarios, y podemos ya representarnos el mundo que ellos encontraron. Había un rey en Kent, y más allá de las fronteras había otros reinos semejantes, gobernados todos, al parecer, por gentiles. Los nombres de los monarcas eran nombres teutones; pero los autores de las narraciones casi hagiográficas que a esta época se refieren no nos dicen, ni parecen habérselo preguntado, si la población era o no de sangre pura. Y no es imposible que, como acontecía en el continente, sólo las cortes y los monarcas hayan sido teutónicos.

Los cristianos encontraron allí conventos, protectores, perseguidores; pero si no encontraron antiguos británicos, es acaso porque no los buscaban; y si es que se hallaron entre puros anglosajones, no tuvieron el gusto de percatarse de ello. Ciertamente, y según testimonio general de los historiadores, hacia las marcas de Gales se notaba un cambio perceptible. Pero también es constante que, independientemente de las diferencias de raza, hay siempre una transición al pasar de la población de los llanos a la de montaña.

No; lo más importante, lo que más interesa a la historia de cuanto encontraron en la Britania los misioneros, es el hecho de que algunos reinados correspondieran, efectivamente, a diferencias de la población, diferencias que todavía existen como entonces. La antigua Northumbria es todavía una cosa más real que la actual Northumberland; Sussex, todavía es Sussex; Essex, todavía es Essex. Y ese tercer reino sajón, cuyo nombre se buscaría inútilmente en el mapa moderno, el reino de Wessex, se llama el País de Occidente (West Country), y es en el día el más verdadero de los cuatro.

El último en aceptar la fe cristiana de todos aquellos reinos gentiles fue Mercia, que corresponde, más o menos, a las hoy llamadas tierras medias (Midlands). El rey no bautizado, Penda, resulta por eso un tanto pintoresco, así como por los saqueos y las ambiciones furiosas a que debe su reputación. Tanto, que hace pocos días, uno de esos místicos que todo serán menos cristianos, hablaba de «continuar la obra de Penda» en Ealing: no en muy grande escala, por fortuna. No es hoy fácil averiguar, ni acaso importa, lo que creía o lo que dejaba de creer el rey Penda; pero este último baluarte de su reinado resulta interesante. El aislamiento de los de Mercia tal vez se debía al hecho de que el cristianismo venía de las costas orientales y occidentales. La corriente oriental es la misión de San Agustín, que había convertido ya a Cantorbery en capital de la isla. Y la occidental estaba representada por todos los residuos del cristianismo británico. Ambas, si no por el credo, chocaban por la diferencia de las costumbres. Finalmente, la agustiniana prevaleció. Sin embargo, la obra de evangelización realizada en el Oeste había sido enorme. Posible es que la sola posesión de Glastombury, verdadero trozo de Tierra Santa, haya contribuido mucho al prestigio de la evangelización occidental; pero quedaba más allá de Glastombury otro poder todavía mayor y más patético: de allí irradiaba sobre toda Europa la gloria de la edad dorada de Irlanda. Allí los celtas llegaron a ser los clásicos del arte cristiano, que se manifiesta con cuatrocientos años de adelanto en el Libro de Kells. Allí el bautismo del pueblo era un festival espontáneo, como una verbena, y brotaban olas de entusiastas evangelistas como verdaderas multitudes que corrían a comunicar una buena nueva. Conviene recordar todo esto al estudiar ese oscuro y doble destino que nos ha unido a Irlanda, porque muchos han dudado de una unidad nacional en cuyos orígenes no se encuentra la unidad política. Si Irlanda no era un reinado, era en realidad un obispado. Irlanda no fue convertida, sino creada por el cristianismo, como se funda la piedra de una iglesia; y todos sus elementos, cual bajo una vestidura, quedaron guarecidos bajo el genio de San Patricio. Así vino a ser más individual, por lo mismo que para ella la religión no era más que una religión, sin connivencias seculares. Irlanda, que nunca fue romana, fue siempre romanista.

Lo cual también es aplicable, aunque en menor escala, al asunto de que directamente tratamos. Es una paradoja típica de aquel tiempo el que sólo las cosas no mundanas tuvieran éxitos mundanos. La política es una pesadilla; los reyes son inestables y los reinados mudables, y realmente no pisamos suelo seguro mientras no sea suelo consagrado. Las ambiciones materiales, si no siempre estériles, casi siempre quedan defraudadas. Todos los castillos están ya en el aire; sólo las iglesias se asientan en la tierra. Los visionarios son los únicos hombres prácticos, aun por lo que respecta a ese objeto tan extraordinario—el monasterio—, que viene a ser en mucho la clave de toda aquella historia. Tiempo llegará en que lo arranquen de nuestra tierra con una violencia tan curiosa como invasora, de donde resulta hoy tan difícil para el lector inglés el formarse una idea cabal de lo que fue el monasterio y, por lo mismo, de lo que fueron aquellas épocas. Es indispensable dedicar aquí a esta materia algunas palabras.

En el testamento terrible de nuestra religión aparecen algunos ideales terribles y casi impíos, ellos, un tiempo provocaron la formación de sectas que profesaban una perfección casi inhumana en algunas de sus excelencias: como los cuáqueros que renuncian a la propia defensa, o los comunistas que renuncian a la propiedad personal. Con razón o sin ella, la Iglesia cristiana ha considerado siempre estas visiones como aventuras espirituales. Y ha procurado reconciliarlas con la vida humana normal, declarando que son buenas «especialmente», pero sin admitir que sea «necesariamente, malo el alejarse de ellas. La Iglesia adoptó, pues, la opinión de que en el mundo ha de haber de todo, aun en el mundo religioso, y consideró al que rehusaba las armas, la familia o la propiedad, como mera excepción que confirmaba la regla. Pero lo bueno es que realmente la confirmaba, porque el loco que se negaba a ocuparse de sus negocios, resultó ser el hombre de negocios de aquella época. La sola palabra «monje» es ya una revolución, porque significando soledad, vino a significar comunidad, que es sociabilidad. La vida comunal llegó a ser una reserva y refugio de la individual, un hospital para toda clase de hospitalidades. Después veremos cómo se aplicó a la tierra común esta misma función de la vida comunal. En tiempos de individualismo no se puede hallar nada comparable; pero en la vida privada, por ejemplo, no es difícil recordar uno de esos hombres que se hacen amigos de una familia y siempre la ayudan desde afuera, como un hada madrina. Decir que monjes y monjas fueron para la Humanidad como una especie de santa liga constituida entre los tíos y las tías de la familia humana, es algo más que un buen chiste. Y que ellos hicieran por los hombres lo que nadie más pudiera haber hecho, ya es un lugar común. Las abadías llevaban el diario del mundo, combatían todas las plagas de la carne, enseñaban las primeras artes técnicas, preservaban las letras paganas, y, sobre todo, por una perpetua urdimbre de caridades, mantenían al pobre muy lejos de su actual estado de desesperación. Todavía consideramos indispensable el contar con una buena reserva de filántropos; pero hoy acudimos a los que se han enriquecido, y no a los que se han empobrecido. Por último, los abades y abadesas eran nombrados por elección, por donde se introdujo el gobierno representativo, desconocido para las antiguas democracias, y que es en sí mismo una idea semisacramental. Si pudiésemos contemplar desde afuera nuestras instituciones, veríamos que la sola idea de transformar a un millar de hombres en un solo hombre gigantesco, y encaminarlo a Westminster, más aún que acto de fe, es un acto de magia. La historia útil y provechosa de la Inglaterra anglosajona se reduce a la historia de sus monasterios. Estos, palmo a palmo, y casi hombre a hombre, difundían las enseñanzas y enriquecían la tierra. Pero he aquí que, hacia los comienzos del siglo nono, sobreviene un súbito cambio, como en un parpadeo, y entonces parece que toda aquella obra ha sido vana.

Aquel mundo, henchido de anarquía, que estaba más allá de las fronteras cristianas, lanzó una nueva ola, cósmica y colosal, y lo arrasó todo. Por las puertas orientales, abiertas desde las primeras incursiones bárbaras, entró una plaga de marineros salvajes de Dinamarca y Escandinavia, y otra vez los bárbaros recién bautizados desaparecieron entre los no bautizados. Durante todo este tiempo, el mecanismo central de gobierno que quedaba en Roma se había ido retardando como reloj al que se le acaba la cuerda. Hay un inmenso contraste entre la energía asoladora de los misioneros que se alargaban hasta los límites del

Imperio y la parálisis galopante de la ciudad capital. En el siglo IX, el corazón se paró sin que las manos tuvieran tiempo de acudir en su auxilio. Y toda la civilización monástica que se había desarrollado en la Britania bajo la onda de la protección romana pereció sin amparo. Los reinos de juguete de los turbulentos sajones fueron deshechos.

Guthrum, el jefe pirata, mató a San Edmundo 11, asumió el cetro de la Inglaterra Oriental, impuso tributo a la espantada Mercia y se alzó amenazador contra Wessex, última tierra de los cristianos. Y el relato posterior no es más que el relato de la destrucción y desdichas de esta tierra: sucesión de derrotas cristianas con alternativas de míseras victorias que sabían a menos que una derrota. Sólo en una de ellas, la estéril pero hermosa victoria de Ashdown, puede vislumbrarse por primera vez, entre la niebla del combate, y de una manera secundaria y desesperada, la gran figura que ha dado su nombre a la última fase de la tormenta. Porque el triunfador no fue el mismo rey, sino el hermano menor del rey. Entonces aparece por primera vez, aunque de modo humilde y occidental, el nombre de Alfredo.

Era éste un hombre habilísimo, y en eso consiste el interés de sus primeros años: en que combinaba una frialdad casi vulgar, una gran aptitud para los ardides incesantes y combinaciones dañosas propias de su tiempo, con la ardorosa paciencia de los santos en los tiempos de persecución. Todo lo arriesgaba por la fe, y con todo negociaba, menos con la fe. Era un conquistador sin ambiciones; un autor contento con ser un traductor; un hombre sencillo, concentrado, prudente, atento a los vaivenes de una situación que iba gobernando con cautela y audacia, y que a la postre logró salvar.

Desaparece un día, al sobrevenir lo que pareció ser el triunfo y establecimiento definitivo del paganismo, y se supone que andaba acechando, como forajido, en una islita solitaria que hay entre los impenetrables pantanos del Parret, hacia aquella desierta región occidental donde la fuerza del destino parece haber arrumbado a las razas aborígenes.

Pero Alfredo, según él mismo lo dejó escrito en palabras que son como su desafío contra el siglo, tenía por cierto que un buen cristiano no debe pedir nada al destino. Y comenzó de nuevo a atraer a los arqueros y lanceros de las dispersas legiones que aún quedaban por los condados de Occidente, y, sobre todo, a los hombres de Somerset. En la primavera del año 878, los lanza sobre el campo atrincherado de los victoriosos daneses de Ethandune. El asalto tuvo tanto éxito como el de Ashdown, y se prolongó en un sitio por todos conceptos afortunado. Guthrum, el conquistador de Inglaterra, y todos sus principales capitanes, se encerraron en sus baluartes y palizadas; cuando, al fin, tuvieron que rendirse, esa rendición puso término a la conquista danesa. Guthrum fue bautizado, y el tratado de Wedmore aseguró la libertad de Wessex. Al lector de ahora, lo del bautismo le parecerá cosa de risa, y, en cambio, considerará con interés los términos del tratado. Y el lector de ahora se equivocará sin remedio. Porque hay que soportar la monotonía de las frecuentes referencias al argumento religioso que llenan esta época de la historia inglesa; de otro modo, no habría historia inglesa. Y donde mejor se comprueba esta verdad es en el caso de los daneses. El bautismo de Guthrum es mucho más importante que el tratado de Wedmore. El tratado no pasa de ser un compromiso que ni siquiera fue duradero; un siglo más tarde, Canuto, rey danés, era el verdadero gobernador de Inglaterra. Pero si el danés logró mantener la corona, tampoco abandonó ya la cruz. De suerte que lo único perdurable fue la imposición religiosa llevada a cabo por Alfredo. Al mismo Canuto, sólo le recuerdan los hombres como un vívido testimonio de la fragilidad del poder terreno, como un rey que quiso poner su corona a la imagen de Cristo y someter solemnemente a los cielos el imperio escandinavo del mar.

V
SAN EDUARDO Y LOS REYES NORMANDOS

SORPRENDERÁ al lector la excesiva importancia concedida al nombre que encabeza este capítulo. Si lo estampo aquí, es porque quiero insistir, a los comienzos de lo que podemos llamar la parte práctica de nuestra historia, en ese algo imperceptible y extraño que constituye la fuerza de los monarcas débiles.

A veces se necesita tanta imaginación para aprender como para olvidar. Pido al lector que se esfuerce por olvidar cuanto haya leído o aprendido en la escuela, y por considerar la monarquía inglesa tal como aparece a sus ojos. Haga de cuenta que su conocimiento de los antiguos reyes procede sólo, como para la mayoría de los hombres en tiempos de mayor inocencia, de los cuentos infantiles, de los nombres de lugares, de las dedicatorias de iglesias y asilos, de las charlas de las tabernas, de las tumbas del cementerio eclesiástico.

Suponga ahora el lector que camina por una carretera inglesa —la que va del valle del Támesis a Windsor, por ejemplo— o visita algunos viejos recintos de la cultura, como Oxford y Cambridge. Una de las primeras cosas que ha de encontrarse pongamos que sea Eton, lugar transformado por influencia de la aristocracia moderna, pero que todavía goza de su bienestar medieval y deja adivinar su remoto origen. Si se le ocurre preguntar por el origen de Eton, un chico de la escuela sabe lo bastante para contestarle que fue fundado por el rey Enrique VI. Si después va a Cambridge, y contempla con sus propios ojos esa capilla del colegio que se alza artísticamente sobre las demás, a manera de catedral, le ocurre preguntar qué es aquello, y le dicen que es el Colegio del Rey. Pregunta qué rey, y le dicen que Enrique VI. Entra después a la biblioteca, busca en las enciclopedias el nombre de Enrique VI, y se encuentra con que el gigante de la leyenda, que tan gigantescas obras nos ha legado, apenas resulta en la Historia un pigmeo casi imperceptible. Entre la multitud de números contrapuestos en la gran querella nacional representa el número de una sola cifra. Las facciones contendientes lo arrastran como a un pobre fardo de baratijas; sus anhelos ni siquiera parecen precisos; mucho menos pueden resultar satisfechos. Y, sin embargo, sus anhelos se han incorporado en piedra y mármol, en roble, en oro; y ahí continúan erguidos, en medio de las locuras revolucionarias de la Inglaterra moderna, mientras que el viento dispersa, como tamo ligero, las ambiciones de los que lo subyugaron en vida. Ahora bien: Eduardo el Confesor, como Enrique VI, no sólo ha sido un inválido, sino casi un idiota. Es fama que era pálido como un albino, y que el sentimiento que inspiraba a los suyos era más bien ese temeroso recelo que inspiran los monstruos mentales. Su caridad cristiana raya en anarquismo; las anécdotas de su piedad recuerdan a los locos cristianos de las grandes novelas, anárquicas de Rusia. Dicen que escondió a un ladrón Vulgar, porque el ladrón no tenía la culpa de necesitar más de lo que poseía.

    Extraño contraste con las pretensiones ordinarias de los monarcas, que quisieran hacer imposible el robo dentro de sus dominios. Con todo, la Humanidad ha tenido alabanzas para los dos tipos de monarcas; y lo curioso es que, entre los dos, el monarca incompetente ha llevado siempre la mejor parte. Y lo mismo que para Enrique VI, las alabanzas al rey Eduardo tienen una significación práctica bien definida. Si consideramos el aspecto constructivo de nuestra Edad Media, ya no el destructivo, nos encontramos con que un aldeano idiota es el inspirador de las ciudades y los sistema, cívicos. Su sello está impreso en las sagradas fundaciones de la Abadía de Westminster. Los victorioso, normandos, a la hora de la victoria, se inclinaban ante su recuerdo. Así, en la célebre tapicería de Bayeux urdida por manos de normandos con el fin de proponer una justificación objetiva de la causa normanda y de glorificar el triunfo normando, al Conquistador no se le atribuye más que el hecho de la Conquista y la ingenua fábula personal que le sirve de excusa; y la historia se interrumpe bruscamente con la derrota de las filas sajonas en Battle. En cambio, sobre el féretro de aquel triste bufón decrépito que jamás combatió, allí, y sólo allí, aparece la mano celeste para consagrar y aprobar la autoridad del poder que gobierna al mundo.

El Confesor es, pues, una paradoja viviente, sobre todo por cuanto destruye la opinión recibida sobre lo que era el inglés de entonces. Ya he dicho que no es del todo exacto hablar de los anglosajones. El anglosajón es como un gigante, mitológico y perniabierto, que plantara un pie en Inglaterra y el otro en Sajonia. Con todo, antes de la Conquista, había seguramente en Britania una comunidad o unos grupos de comunidades que tenían nombres sajones, y cuya sangre era, probablemente, más germánica y, sin duda alguna, menos francesa que la de las comunidades que encontramos después de la Conquista. De estos grupos humanos se tiene hoy una opinión que es el reverso de la realidad. La importancia del anglosajón se ha exagerado, pero se han ignorado en cambio sus virtudes. Se supone que lo que tenemos de anglosajones es lo que tenemos de prácticos; y la verdad es que los anglosajones eran más soñadores que los mismos celtas.

Se supone que la influencia de aquella raza era saludable, o lo que para muchos vale lo mismo, pagana. Y lo cierto es que estos «teutones» eran el tipo de lo místico. Sólo una cosa hicieron los anglosajones, y ésta tanto más plenamente cuanto que estaban plenamente dotados para ello cristianizar a Inglaterra. ¡Si la cristianizaron ya —por decirlo así— antes de nacer! Sólo de una cosa fueron incapaces los anglos, y esto de una manera obvia: de ser ingleses. Pero cristianos sí que lo fueron, y hasta con particular inclinación a meterse monjes. Cuando los escritores los aluden vagamente como a nuestros «toscos abuelos», cometen una grave injusticia y desconocen el bien que les debemos: a ellos les debemos que nuestra historia comience con la fábula de un ángel de candor, que nuestra crónica comience —como tantas crónicas, en efecto— con la dorada inicial de un santo. Haciendo vida monástica, nos proporcionaron inmensos beneficios en todos los órdenes de sus múltiples y especiales capacidades, pero no —ya se ve— en la capacidad singular de ser nuestros abuelos.

A lo largo de la costa norte de Francia, donde el Confesor había pasado sus primeros años, se extienden las tierras de uno de los más poderosos vasallos del rey de Francia, el duque de Normandía. El y su pueblo —uno de los elementos más pintorescos, más curiosos de la historia europea— nos aparecen hoy semiborrados entre la niebla de ociosas disquisiciones, que para ellos hubieran sido ininteligibles. La peor es la que atribuye el nombre de normandos a los aristócratas ingleses durante el brillante período de los últimos trescientos años. Tennyson le advertía a una dama llamada Vere de Vere que la fe sencilla es más valiosa que la sangre normanda. Pero un erudito historiador que ha podido figurarse que Lady Clara tenía, realmente, sangre normanda, era, por su parte, un aplastante ejemplo de fe sencilla. Semejante creencia —y lo entendemos mejor al tratar de la idea política de los normandos— constituye una negación de la verdadera importancia histórica de aquella raza. Esta caprichosa moda olvida precisamente lo que hay de mejor en los normandos, así como olvida, según hemos visto, el verdadero valor de los sajones.

No sabe uno qué agradecer más a los normandos: si su aparición o su desaparición.

Pocos filántropos han sabido ocultarse mejor y más pronto bajo el anónimo. La mayor gloria del aventurero normando está en haberse entregado, con toda el alma, a su aventura y haber tenido fe, no sólo en sus camaradas, sino también en sus súbditos y aun en sus enemigos. Fue leal para el reino que aún no había edificado. Bruce, el normando, se hizo escocés, y el descendiente del normando, Strongbow, se hizo irlandés. Imposible suponer que el normando haya podido mantenerse como una casta privilegiada hasta nuestros días. Y esa lealtad, desinteresada y aventurera, que re revela también en otros capítulos de la historia normanda, luce particularmente en el que aquí nos importa examinar. El duque de Normandía ha podido ser un verdadero rey de Inglaterra; sus pretensiones a la herencia de Eduardo el Confesor, su elección por el Consejo, y aun los simbólicos puñados de tierra, en Sussex, no son meras fórmulas vacías. Y aunque ni lo uno ni lo otro sea exacto, se acerca más a la verdad declarar a Guillermo el Conquistador primer rey de Inglaterra, que no declarar último rey de Inglaterra a Harold el destronado.

Cierta embrollada teoría, referente a las oscuras razas que se entremezclaron en aquellas épocas no menos oscuras, ha pretendido sacar argumentos del hecho de que las fronteras normandas de Francia, como por otra parte las anglorientales de Inglaterra, sufrieran, durante el siglo IX, invasiones del Norte. Por lo cual —dicen—, los orígenes de la casa ducal de Normandía, y la de quién sabe cuántas familias más, deben buscarse en Escandinavia. El innegable don de gobierno y de creación legislativa que muestran los normandos en todas partes, pretenden atribuirlo parcialmente a una renovación de la raza por infusión de nueva sangre. Pero si los partidarios de esta teoría quieren comparar tipos, estudiando las dos razas separadamente, verán que el francés intacto y sin mezcla de sangre escandinava ha mostrado siempre mayor capacidad de civilización que el escandinavo sin mezcla de sangre francesa. Los cruzados no pertenecientes al grupo de los vikingos combatieron tanto (y gobernaron mucho más) como los vikingos que nunca fueron cruzados. Pero la verdad es que estos regateos están de más. Concederemos un valor apreciable a la influencia escandinava en la nacionalidad francesa y en la Inglesa, cuando aceptemos que el ducado de Normandía era tan escandinavo como podía serlo la comarca de Norwich. Mas este debate ofrece otro peligro, por cuanto tiende a exagerar la importancia personal de los normandos. Por grandes que hayan sido sus talentos ca mo señor, el normando no pasa de ser un auxiliar de influencias más vastas y superiores. El desembarco de Lanfranc es tal vez una fecha más memorable que el desembarco de Guillermo. Y Lanfranc era italiano: como Julio César. El normando no ha sido aquí una especie de muralla o estorbo brutal alzado en los términos de un Imperio, sino algo como una puerta. Como una de esas puertas que` construyo en nuestro suelo y aún se conservan, con su arco redondo, su traza ruda y sus robustas columnas. Por esa puerta penetro la civilización. Así, Guillermo do Falaise tiene en la Historia mejor título que el de duque de Normandía o rey de Inglaterra, porque fue lo mismo que Julio César, o lo mismo que San Agustín: un embajador de Europa en Britania.

Guillermo afirmaba que Eduardo el Confesor, como consecuencia de los compromisos que contrajo durante los años de su educación en Normandía, había prometido la corona Inglesa al heredero de aquel ducado. Nunca sabremos lo que hay de cierto en esta afirmación: no es en sí misma imposible ni tampoco improbable. En cuanto a tachar esta promesa, si la hubo, de antipatriótica, es querer buscar en el caos de los primeros tiempos feudales nociones del deber que sólo más tarde habían de precisarse; hacer de esta promesa un cargo personal, es querer que los antiguos británicos cantaran ya el «Rule Britannia» Guillermo comenzó por justificarse alegando que Harold, el principal noble sajón y probable pretendiente al trono, siendo huésped suyo a consecuencia de cierto naufragio, había jurado sobre reliquias sagradas no discutir los derechos del duque al trono de Inglaterra. Tampoco sabemos nada de este episodio; pero desentendernos de él sería desconocer el espíritu de la época. Precisamente el sacrilegio de que se acusaba al perjuro Harold pudo influir en el Papa cuando bendijo un estandarte para los ejércitos de Guillermo; pero en el Papa mismo no pudo influir como en el ánimo de la gente; y de la gente de Harold, no solo de la de Guillermo. Posible es que los de Harold negaran el hecho; posible es que esta negación sea la causa de que la tapicería de Bayeux insista notoriamente en la traición personal.

Y hay un detalle muy digno de tenerse en cuenta gran parte de esta célebre conmemoración histórica no se refiere a los acontecimientos que vengo recordando, sino que trata un poco de la muerte de Eduardo, y otro poco describe las dificultades de la empresa de Guillermo, que tuvo que talar bosques para la construcción de navíos, y cruzar el canal, y cargar sobre la colina de Hastings, donde dio cuenta de la tenacidad destructora de las huestes de Harold. Ahora bien: lo que propiamente merece el nombre de conquista, no lo hizo el duque Guillermo sino después que hubo desembarcado y derrotado a Harold sobre la costa de Sussex. Sólo en estas operaciones posteriores descubrimos la nota del nuevo y científico militarismo del continente. En vez de marchar sobre Londres, se puso a rodearlo;

y cruzando el Támesis, en Wallingford, cortó a la ciudad del resto del país y la obligó a rendirse.

Después se hizo elegir rey con todas las formalidades propias de una sucesión pacífica de Eduardo el Confesor, y, tras breve estancia en Normandía, volvió otra vez a la carga para reducir a toda Inglaterra. Atravesando campos de nieve, asoló las provincias del Norte, se adueñó de Chester, y, más bien que conquistarlo, construyó un reino. Tales la fundación de la Inglaterra histórica.

Pero las telas tejidas en honor del duque no nos cuentan nada de esto. La tapicería de Bayeux se interrumpe justamente donde comienza la verdadera conquista normanda. En cambio, describe al detalle cierto insignificante saqueo de Bretaña, con el solo fin de que Harold y Guillermo aparezcan como compañeros de armas, y especialmente para que admiremos a Guillermo en el preciso momento de entregar las armas a Harold. Y en esto hay más sentido de lo que un espectador moderno pudiera figurarse, porque está aquí el secreto de la nueva era y todo el antiguo simbolismo de las armas. Ya he dicho que un duque Guillermo era vasallo del rey de Francia, y esta palabra —en uso y abuso— puede afirmarse que es la clave de la vida secular en aquella época. Guillermo parece haber sido un vasallo muy levantisco, y en las fortunas de su familia se nota la vena de la rebeldía: sus mismos hijos, Rufo (Guillermo II) y Enrique I, le atormentaron con ambiciones poco filiales. Pero sería un desatino suponer que estas diferencias personales hayan podido alterar el sistema establecido aquí antes de la Conquista, y que ésta sólo vino a robustecer y hacer más visible. Este sistema se llama feudalismo.

Que el feudalismo es rasgo esencial de la Edad Media, en cualquiera parte puede aprenderse; pero más bien pertenece a esa moda histórica que busca el pasado en la calle Wardour, y no en la calle Watling. Porque el término «medieval» suele aplicarse a todo el período que va desde los orígenes ingleses hasta los comienzos de la era victoriana. Un socialista eminente lo ha usado ya así, refiriéndose a nuestros armamentos, que es como aplicarlo a nuestros aeroplanos. De igual modo, la aparición justa del feudalismo, y lo que en él hubo de útil o de contrario para el desarrollo de la vida, suele confundirse con nociones que son enteramente modernas, y especialmente anda mezclado con ideas sobre la casta jerárquica de los «squires» o caballeros. Y el feudalismo es casi el polo opuesto ' de la caballería.

Desde luego, la propiedad del «squire» es absoluta y pacífica. Mientras que el feudalismo es, por definición, un arrendamiento, y con servidumbre militar. La renta, en vez de pagarse en oro, se pagaba en acero, en picas y flechas contra los enemigos del señor. Pero aun estos señores no lo eran en el sentido moderno de la palabra: todos, práctica y teóricamente, venían a ser arrendatarios del rey; y todavía este quedaba, a veces, sometido a un papa o a un emperador. Por simplificación, puede definirse el feudalismo como un arrendamiento a cambio de soldados; pero en esta simplificación está precisamente el embrollo. En la naturaleza del feudalismo hay una maraña, hay un enigma que es causa de la mitad de las luchas históricas de Europa, y singularmente de Inglaterra.

Damos el nombre de «medieval» —a falta de un término mejor— a cierto tipo de Estado y de cultura que encontramos en tiempos de los godos y de los grandes escolásticos. Lo medieval es, ante todo, un sistema lógico. Su mismo culto por la autoridad era un imperativo de la razón, como tendrán que admitirlo todos los que sean capaces de razonar, aun cuando, como Huxley, nieguen las premisas o rechacen las consecuencias de semejante principio. Siendo lógico, el criterio medieval era muy exigente en punto a la radicación de la autoridad. Y el caso es que el feudalismo nunca fue ni lógico ni exacto sobre este punto. El feudalismo floreció antes de que comenzara el renacimiento de la Edad Media, y así vino a ser para este, ya que no la selva por telar, al menos la dura madera de sus construcciones. El feudalismo fue un hijo belicoso de las 'edades bárbaras, anterior a la verdadera Edad Media; fue la era de los bárbaros, que los semibárbaros tuvieron que destruir. Y no lo digo como censura: el feudalismo era cosa harto humana; en el vocabulario de la época se le llamó «homenaje», palabra que casi quiere decir «humanidad». Con todo, la lógica medieval pudo llegar a ser inhumana en sus extremos.

A veces era el prejuicio el que defendía al hombre, y era la razón quien lo quemaba. Las unidades feudales brotaron del hirviente localismo de las edades bárbaras, cuando entre valle y valle se alzaban, como inquebrantables guarniciones, las montañas sin sendas. El patriotismo tenía que ser parroquial; los hombres eran de tal región, no de tal país. En estas condiciones, el señor venía a ser más poderoso que el rey. Pero esto produjo, no un señorío local, sino una especie de libertad local. Y éste carácter de nuestro feudalismo conviene tenerlo muy presente, porque es toda la libertad que los ingleses han alcanzado y mantenido.

El secreto del sistema estaba en esto: en teoría, el rey era el amo absoluto, imagen de la providencia terrestre, con poder despótico y «derecho divino»; lo cual, en sustancia, significa autoridad natural. En cierto respecto, el rey no era más que un señor, aunque el único señor ungido por la Iglesia y aceptado por la ética de los tiempos. Pero donde se daba la mayor realidad teórica, podía darse también la mayor rebeldía práctica. El combate era mucho más igual que en esta nuestra época de las municiones, y los grupos contrarios podían armarse en un instante con arcos sacados de los árboles o picas aderezadas en la fragua. Cuando los hombres son naturalmente militares, no hay militarismo. Y siendo el reino una especie de ejercito territorial, los regimientos eran también otros tantos reinos. Las subunidades eran sublealtades, y el vasallo leal para su señor podía ser rebelde para el rey, así como el rey podía ser un demagogo que libertaba al vasallo de la tiranía del señor. Este enredo ha sido la causa de las trágicas pasiones suscitadas por la traición, como en el caso de Guillermo y Harold, este supuesto traidor, en quien el delito resulta siempre una reincidencia y siempre una excepción.

Romper este nudo era a la vez fácil y terrible. La rebelión era entonces considerada como una traición, puesto que era una deserción en medio de la continua batalla. Ahora bien: en Inglaterra, esta guerra civil se hizo más intensa que en ninguna parte, y acabó por prevalecer la energía menos local y la menos lógica. Sea cosa de la idiosincrasia de estas islas, cuyos contornos aparecen desdibujados como nieblas marinas (ya lo notábamos al comenzar esta historia), o sea que realmente el sello romano se haya estampado aquí menos que en las Galias, ello es que nuestro subsuelo feudal no resistió al intento de fundar la Civitas Dei, o Estado medieval típico. Lo único que pudo hacerse fue un compromiso, que generaciones muy posteriores han dado en llamar la Constitución.

Hay paradojas permitidas si han de servir para enderezar añejos errores, y hasta puede exagerárselas sin peligro, siempre que no vengan aisladas. Tal la que propongo al comenzar el presente capítulo refiriéndome a la energía de los monarcas débiles. Su complemento —aplicable al caso de la crisis del gobierno normando— es la debilidad de los monarcas fuertes: Guillermo de Normandía triunfó por el momento, pero no definitivamente; había en su gran triunfo un germen de fracaso cuyos frutos brotarían después de su muerte. Su principal objeto era reducir el organismo de

Inglaterra a una aristocracia popular como la de Francia. A este fin despedazó las posesiones feudales; exigió voto directo de sumisión por parte de los vasallos, y se volvió contra los barones de todas las armas, desde la alta cultura de los eclesiásticos extranjeros hasta las más rudas reliquias de la costumbre sajona. Pero el paralelo de este estado de cosas con el de Francia saca más verdadera nuestra paradoja. Es proverbial que los primeros reyes de Francia fueron unos muñecos; que los insolentes mayordomos de palacio eran los reyes de los reyes. Con todo, el muñeco se convirtió en ídolo, en ídolo popular de sin igual poder, ante el cual se inclinaban todos los mayordomos y los nobles. En Francia sobrevino el gobierno absoluto, precisamente porque no era gobierno personal. El rey era una entidad como la república. Las repúblicas medievales se mantenían rígidas, animadas del derecho divino. En la Inglaterra normanda, en cambio, parece que el gobierno fue demasiado personal para poder ser absoluto. En cierto sentido recóndito, pero real, Guillermo el Conquistador fue de hecho Guillermo el Conquistado. A la muerte de sus dos hijos, todo el país se derrumbó en un caos feudal, sólo comparable al que precedió a la Conquista. En Francia, los príncipes, que habían sido esclavos, se transformaron en seres excepcionales, casi sacerdotes, y uno de ellos llegó a ser santo. Pero nuestros mayores reyes continuaron siempre siendo barones, y, por la misma causa, nuestros barones vinieron a ser nuestros reyes.

VI
LA ERA DE LAS CRUZADAS

Si el capítulo anterior comenzaba invocando el nombre de San Eduardo, éste pudiera comenzar con el de San Jorge. Su primera aparición como Patrón del pueblo ocurrió, según se cuenta, a instancias de Ricardo Corazón de León, durante la campaña de Palestina, de la cual, como veremos, data la formación de una Inglaterra nueva bajo el patronato de un santo nuevo. Pero mientras el Confesor es una persona real en la historia inglesa, San Jorge, aparte de su lugar en el martirologio como soldado romano, difícilmente pudiera decirse que representa ninguna realidad. Si queremos entender la más noble y la más olvidada de las revoluciones, lo mejor es considerar aquí también esta paradoja: el progreso y la ilustración que significa el paso de una crónica a una leyenda.

Acabo de leer, en una controversia periodística, alerta aseveración que lo mismo pudiera haber encontrado en cualquier otro documento intelectual de nuestra época. Dice así: «La salvación, como muchas otras cosas buenas, no puede venirnos del exterior.»

Esto de llamar externo y no interno a un fenómeno espiritual, es el procedimiento corriente de la excomunión modernista. Pero, tratándose de una cuestión medieval, nos atrevemos a oponer contra esta pretendida evidencia la tesis contraria.

Pongámonos en la actitud de los que consideraban que casi todas las cosas buenas venían de afuera, como una buena noticia. Por lo demás, confieso que no puedo sentirme imparcial en esta materia, y que la frase transcrita me parece un verdadero desatino sobre la naturaleza misma de la vida. Yo no puedo creer que el mejor método de alimentación para un nene consista en chuparse los dedos; tampoco me parece que la mejor alimentación moral consista en chuparse uno su alma, negando la dependencia de Dios o de alguna otra buena cosa externa. La gratitud es la forma superior del pensamiento, y la gratitud es una felicidad mezclada de sorpresa. Esta fe en la receptividad y en el respeto de las cosas externas nos permitirá entender mejor las tradiciones de aquellos tiempos.

Cuando la moderna Alemania es más moderna, es decir, más loca, es cuando se empeña en buscarle a todas las cosas un nombre alemán, es decir, en comerse su propio idioma, es decir, en tragarse su lengua. Y donde los medievales aparecen más libres, más cuerdos, es en su aceptación de nombres y emblemas completamente ajenos a los límites de su horizonte habitual. El monasterio no sólo recibe al extranjero, sino que también le canoniza. Un simple aventurero como Bruce es entronizado, y su llegada se le agradece como a un legítimo caballero errante. Las más de las veces, el santo patrono de las comunidades más patrióticas es un forastero. Muchos santos fueron irlandeses; pero San Patricio, patrón de Irlanda, no era irlandés. Así, al paso que los ingleses iban constituyendo una nación, se dejaban atrás, por decirlo así, a los innumerables santos sajones; superaban, por comparación, no sólo la santidad de Eduardo, sino también la sólida fama de Alfredo, y se volvían hacia el héroe semi-mitológico que, en algún desierto oriental, da muerte al Imposible monstruo.

Esta transición, este símbolo, son producto de las Cruzadas. Las Cruzadas fueron, en su romántica realidad, la primera experiencia de la mente británica hacia el conocimiento, más aún que de lo exterior, de lo remoto. Como toda cosa cristiana, Inglaterra ha procurado nutrirse, sin avergonzarse, de sustancias externas. Desde las carreteras de César hasta las iglesias de Lanfranc, ha esperado su pan de Dios. Pero ahora las águilas, lanzadas al viento, columbran ya la presa lejana; en vez de esperar el alimento exterior, van a buscarlo. Los ingleses han pasado del instante de la aceptación al instante de la aventura; comienza la epopeya naval inglesa. Trazar el gran movimiento religioso que arrastró a Inglaterra y a todo el mundo occidental, alargaría desproporcionadamente este libro, aunque vale más eso que no darlo por estudiado en unas cuantas alusiones vagas e inexpresivas, como suelen hacer los sumarios históricos.

El error de nuestros métodos de historia popular resalta particularmente en el tratamiento de Ricardo Corazón de León. Nos hablan de él y de su partida a las Cruzadas como de la escapatoria de un chico de escuela que se empeñara en correr al mar. Según esto, se trata de una travesura amable, digna de perdón. Y lo cierto es que más bien debe entenderse como la partida de un inglés de ahora, consciente de sus responsabilidades, hacia el frente europeo. La cristiandad era entonces una nación única, y el frente era la Tierra Santa. Verdad es que Ricardo tenía una naturaleza aventurera y romántica; pero para un soldado de raza no es precisamente un disparate empeñarse en hacer lo que mejor sabe hacer. Y donde más se nota el error de nuestras interpretaciones históricas, es en que, nadie se preocupa de comparar nuestro caso con el de la Europa continental. Nos basta, pues, con salvar el estrecho de Dover para descubrir el sofisma. Felipe Augusto, contemporáneo de Ricardo en Francia, tenía fama de ser un estadista muy cauto e ilustrado; y Felipe Augusto también fue a la Cruzada. Y es que las Cruzadas eran para todos los europeos inteligentes una empresa de alta política y de la más pura doctrina.

Seiscientos años después de que la cristiandad, brotada en el Oriente, se derramara sobre el Occidente, una nueva fe apareció casi en las mismas regiones orientales; una gran fe que venía en pos. de la otra, a modo de sombra gigantesca. Como una sombra, era copia y era al mismo tiempo imagen contraria. Es el islamismo, el credo de los musulmanes, que acaso debe considerarse como la última explosión de los orientalismos acumulados (tal vez de los hebraísmos acumulados), gradualmente repelidos, conforme la Iglesia se hacía más europea y la cristiandad más cristiana. Su pretexto era el odio a has idolatrías; para el islamismo la Encarnación era un simple caso de idolatría. Dos tesis atacaba la nueva fe: la idea de que Dios pudiera encarnar, y la de que pudiera después radicar en la madera o la piedra. Bajo las cenizas del incendio cristiano quedan algunas ascuas vivas; puede suponerse que un fanatismo tan exagerado contra el arte y la mitología era, a la vez, un desarrollo de la conversión cristiana y una reacción contra ella: algo como un programa de las minorías hebraicas. De suerte que el islamismo vino a ser una herejía cristiana.

Las primeras herejías, en efecto, eran un desenfreno de rectificaciones y evasiones del dogma de la Encarnación, que trataban de devolver a Jesús la realidad de su cuerpo, aun a expensas de la sinceridad de su alma. Los iconoclastas griegos recorrían Italia rompiendo las estatuas populares, acusando al Papa de idolatría, hasta que fueron derrotados de una manera harto simbólica por la espada del padre de Carlomagno. Todas estas negaciones frenéticas inflamaron el espíritu de Mahoma, y lanzaron, al fin, sobre la tierra abrasada una carga de caballería que casi conquistó al mundo. Y si hay quien opine que la discusión de los orígenes orientales es cosa que para nada afecta a la historia de Inglaterra, he a responder que este libro, ¡ay!, está lleno de digresiones, pero que ésta no es una de ellas. Al contrario: es necesario tener muy presente que el Dios semita ronda, como aparecido, a las puertas de la cristiandad, y esto en todos los rincones de Europa, pero especialmente en el que aquí nos preocupa. Y si alguien lo duda, que se moleste en darse un pasea por las parroquias inglesas, en un radio de treinta millas, y pregunte por qué está descabezada esa Virgen de piedra o cómo se rompió esotra vidriera de colores.

Le contestarán que, hace poco tiempo, hasta en sus propias calles y casas volvió a refluir el éxtasis del desierto, y la furia de los iconoclastas reapareció en estas ateridas islas del Norte.

Un elemento característico en la sublime y siniestra simplicidad del Islam era el no reconocer límites. Su hogar nativo era el desamparo: nació entre nómadas, en arenales desolados, y llegó a todas partes, porque no venía de ninguna. Pero los sarracenos de la Edad Media disfrazaban esa condición nómada del Islam bajo la máscara de una civilización exquisita, más científica, aunque menos artística y creadora que la de la cristiandad de aquel tiempo. El monoteísmo musulmán era, o parecía ser, la más racionalista de las dos creencias. Refinamiento ya sin raíces, resultaba singularmente adecuado para el manejo de las abstracciones: testigo, el álgebra. En parangón con esta cultura, la cristiana era cosa todavía instintiva en mucha parte, aunque sus instintos eran muy fuertes y seguían caminos muy otros. El cristianismo estaba lleno de afectos locales, lo cual tomó forma en aquel sistema —porque sistema era— de cercas y divisiones, que es la trama y encasillado del mundo medieval, desde las reglas de la heráldica hasta las doctrinas sobre la propiedad del suelo. En sus usos y' leyes, en sus estatuas, las mismas figuras y colores que en sus tabardos y en sus escudos: algo a la vez estricto y alegre. El interés por las cosas externas no era un simple punto de partida, sino un elemento en la concepción de la conducta. Hasta la bienvenida con que saludaban al que llegaba de allende sus muros era un reconocimiento de que los muros existían realmente. En cambio, los que sienten que su vida lo llena todo, confunden los límites de su vida con los del mundo. Así los chinos, que llamaban al blanco «rompedor del cielo». El medieval amaba su parte de la vida como una parte y no como un todo; en cuanto a la justificación de la vida, la esperaba de afuera, de otra parte. Se cuenta de un monje benedictino que acostumbraba bendecir con la fórmula *Benedictus benedicat,* a lo cual un franciscano iletrado le contestó tranquilamente *Franciscus franciscat.* Esta facecia es toda una parábola sobre la historia medieval. Realmente, a lo que después había de hacer San Francisco se le puede designar con el verbo franciscare. Pero aquel primitivo misticismo individual estaba todavía muy cerca de origen; al medievalismo de los orígenes le corresponde la fórmula Benedictus benedicat; es decir, que la bendición viene de otro, el cual, a su vez, ha sido bendecido por otro, y que sólo el bendito puede bendecir. Pero, para un hombre de las Cruzadas, el otro, el exterior, no era un infinito como para la mente religiosa de los modernos. Toda cosa externa era para él un sitio concreto. El misterio de la localidad, fuertemente asido al corazón humano, aparece hasta en los aspectos más etéreos del cristianismo, y, al contrario, no se le descubre aun en las operaciones más prácticas del Islam. Inglaterra recibía algo de Francia, y Francia de Italia, Italia de Grecia, Grecia de Palestina, Palestina del Paraíso. No se trataba sólo de que el sacerdote de la próxima parroquia bendijera la casa del propietario de Kent, y confirmaran la bendición, primero Cantorbery y después Roma. Roma no se adoraba a sí misma, como en tiempos gentiles. Roma anhelaba hacia el Oriente, a la misteriosa cima de su creencia, a un lugar donde la misma tierra era santa.

Y, súbitamente, al volver hacia allá los ojos, se encuentra con la faz de Mahoma. Allí mismo, sobre su tierra celeste, se alzaba, desolador, un gigante de los desiertos, para quien todas las tierras eran iguales.

Sería menester que explicáramos las emociones que movían a los hombres de las Cruzadas, porque los lectores de hoy en día ignoraban absolutamente los sentimientos de sus abuelos, y sin semejante explicación no hubiéramos entendido el carácter único de la querella entre el cristianismo y el islamismo, ni el bautizo de fuego de las posteriores generaciones. No era una simple disputa entre dos hombres que desean apoderarse a la vez de Jerusalén, sino una disputa mortal entre el que necesita apoderarse de Jerusalén y el que no entiende el porqué de esta necesidad. También tienen sus Santos Lugares los musulmanes; pero no los conciben como concibe el occidental un campo donde yacer o un árbol que le sirva de techo. El musulmán considera la santidad como cosa santa; pero no considera los lugares como lugares. La austeridad, que le cierra las puertas de lo metafórico; la guerra vagabunda, que le veda todo reposo, lo incapacitan para entender esa exaltación, ese florecimiento de nuestros patriotismos locales. El islamismo ha podido dar a Turquía un imperio, nunca una nación.

Ahora bien: esta aventura contra un enemigo misterioso y poderoso produjo un efecto enorme en la transformación de Inglaterra. Porque aprendimos mucho al ver, en primer lugar, lo que los sarracenos hacían, y en segundo, lo que dejaban de hacer. Al ponernos en contacto con algunas cosas buenas de que carecíamos, tuvimos la fortuna de poder imitarlas, y al considerar todas las cosas buenas de que ellos carecían, nuestro desprecio hacia ellos encontró una justificación firme como el diamante. Los cristianos puede decirse que sólo cobraron plena conciencia de su rectitud al entrar en guerra con los musulmanes. La reacción a la vez más obvia y más representativa que salió de esta lucha, produjo los mejores frutos del que llamamos arte cristiano, y especialmente esas manifestaciones grotescas de la arquitectura gótica, que están —más que vivas— «tirando coces». Verdad que el Oriente, obrando como atmósfera o espejismo, estimuló el espíritu de Occidente, pero invitándole a romper el canon de los musulmanes más que a sometérsele. Dijérase que aconteció a los cristianos lo que al caricaturista que se empeñara en revestir con cosas expresivas todas aquellas líneas ornamentales, en ponerles cabezas a todas esas serpientes descabezadas, y pájaros a todos esos árboles exentos de vida. La estatuaria se estremeció y brotó entonces, bajo el veto del enemigo, cómo bajo una bendición. Y la imagen, por el hecho mismo de ser ídolo para el contrario, se convirtió, no sólo en enseña, sino en arma. Y la numerosa hueste de piedra se derramó por las calles y los altares de Europa. De modo que los iconoclastas hicieron todavía más estatuas de las que despedazaron.

El lugar que ocupa Corazón de León en la fábula y leyenda del pueblo está mucho más cerca de su verdadero lugar histórico que el de ese descartado matasiete que lo suplanta en nuestros utilitarios libros de escuela. El rumor popular está siempre mucho más cerca de la verdad histórica que la opinión «educada» de nuestros días; porque la tradición fue siempre más verdadera que la moda. El rey Ricardo, tipo representativo del cruzado, por el solo hecho de conquistar gloria en el Oriente, alcanzó para Inglaterra algo muy distinto de lo que hubiera logrado consagrándose a la política interior, a la manera del rey Juan. Su genio y prestigio militares dieron a Inglaterra algo que había de durarle cuatrocientos años, y sin lo cual, es incomprensible toda la historia de este largo período: la reputación de ir a la vanguardia misma de la caballería. Las grandes novelas de la Tabla Redonda, y la devoción de la caballería para el nombre del rey británico, datan de esta época. Ricardo no sólo fue un caballero: también fue un trovador; y así, la idea de cultura y cortesía se unían Indisolublemente a la idea del valor inglés. El inglés medieval podía hasta sentirse orgulloso de ser cortés; lo cual, después de todo, no es peor que sentirse orgulloso del dinero o de los malos modos, que es lo que, este último siglo, han dado muchos ingleses en llamar «sentido común».

Puede decirse que la caballería fue el bautismo del feudalismo: intento de incorporar la justicia, y aun la lógica del credo católico, dentro de un sistema militar persistente; de transformar en «iniciación» su disciplina, y sus desigualdades en jerarquía. A esta gracia de la nueva época pertenece, desde luego, aquel culto de la dignidad de la mujer, que solemos considerar implícito en la palabra «caballería», acaso favoreciéndola. Y también había aquí una protesta contra uno de los errores de la civilización sarracena, en general más refinada que la cristiana. Los musulmanes le negaban a la mujer hasta el alma, tal vez con el mismo instinto que les hacía retroceder ante la idea del nacimiento sagrado, con su inevitable consecuencia de la glorificación de la madre; o tal vez por el mero hecho de que, habiendo vivido originariamente en tiendas más bien que en casas, se habían acostumbrado a tener más bien esclavas que no esposas. Es falso que el sentimiento caballeresco de la mujer fuera una simple afectación, salvo en el sentido en que todo ideal implica algo de afectación. No hay peor ligereza que la de no percibir la presión de un sentimiento general, sólo porque los acontecimientos lo contraríen. La Cruzada vale y pesa más como un sueño que como una realidad. Desde el primer Plantagenet hasta el último Lancaster preocupa el ánimo de los monarcas ingleses, dando a sus batallas, por fondo ideal, algo como un espejismo de Palestina. Así, devociones como la de Eduardo por su reina, venían a ser un verdadero estímulo vital para una multitud de contemporáneos. Cuando nuestros ilustrados turistas se agolpan, en el extremo occidental de la costa, dispuestos a reírse de las supersticiones del Continente, para tomar sus billetes y facturar sus equipajes, no sé si realmente se dirigen a sus esposas con una cortesía más compuesta que la de sus padres, en los tiempos de Eduardo, o si es que se detienen a meditar sobre la leyenda de las amarguras de un marido, leyenda asociada al nombre mismo de Charing Cross. Pero es un grave error figurarse que las Cruzadas sólo afectaban a esa capa social para quien la heráldica era un arte y la caballería una etiqueta, cuando la verdad es todo lo contrario. La primera Cruzada, especialmente, fue un levantamiento unánime del pueblo, en un sentido mucho más real que muchos de los llamados motines y revoluciones. Los gremios, el gran sistema democrático de la época, debieron, en mucho, su poderoso desarrollo a la necesidad de agruparse para combatir por la Cruz; pero ya trataré de esto más adelante. A menudo no era aquello un reclutamiento de hombres, sino una emigración de las familias en masa, a modo de nuevos gitanos que se trasladaran hacia el Oriente. Y es ya proverbial que, a menudo, los niños organizaban por sí solos una cruzada, como hoy organizan una charada. Mejor lo entendemos si nos decidimos a considerar toda cruzada como una cruzada de los niños. En efecto, las Cruzadas estaban llenas de todo lo que el mundo moderno adora en los niños, por lo mismo que lo ha ahogado en los hombres.

La vida de los cruzados, como los más rudos testimonios de sus artes más vulgares, está llena de todo aquello que veíamos desde la ventana de nuestro cuarto infantil. Más tarde podemos verlo mejor, por ejemplo, en los interiores de Memling, poblados de flechas y rejas; pero abunda, sobre todo, en las artes más viejas y más inconscientes de aquella época. Es algo que domestica las tierras distantes y trae el horizonte al hogar.

Aquellos hombres parecían encuadrar, dentro de los rincones de sus pequeñas casas, los términos de la tierra y los extremos del cielo. Su perspectiva era tosca, pueril, pero, al fin, era perspectiva, y no la decorativa insipidez del orientalismo. En una palabra: su mundo, como el de un niño, abundaba en reducciones a especie minúscula, cual en un compendio de la tierra maravillosa de los cuentos. Sus mapas son más llamativos que los cuadros.

Sus animales semifabulescos, siendo monstruos, son a la vez como animalillos mimados.

Es imposible traducir en palabras la impresión de aquella atmósfera, tan vívida, que tanto era atmósfera como aventura. Y precisamente esas visiones extraterrenas transformábanse entonces en cosa doméstica y familiar, mientras que los consejos de los reyes y las querellas feudales resultaban, comparativamente, cosa remota. La Tierra Santa estaba mucho más cerca que Westminster e inconmensurablemente más cerca que Runnymede. El dar una lista de los reyes y parlamentos ingleses, sin conceder un instante de atención a este hecho prodigioso, a esta transformación mística de la vida diaria, es una locura, de que puede darse una ligera idea con un paralelo moderno en que se invierten el valor de lo religioso y lo secular: es como si un escritor clerical o monarquista se empeñase en darnos una lista de los arzobispos de París de 1750 a 1850, advirtiendo minuciosamente que uno murió de viruelas, otro de senilidad y el de más allá por un curioso accidente de decapitación; y, a todo esto, no hiciera la menor referencia al hecho, o siquiera al nombre de la Revolución francesa.

VII
EL PROBLEMA DE LOS PLANTAGENETS

En materia de alta crítica, es punto de honor declarar que ciertos textos populares y ciertas autoridades carecen de crédito porque son «tardíos. También se supone que dos acontecimientos semejantes, referidos a distintas épocas, son siempre el mismo acontecimiento, y que sólo es aceptable la versión más próxima al hecho. Semejante fanatismo obligaría a incurrir, a menudo, en errores de hecho, porque ignora las más comunes coincidencias de la vida humana; conforme a ese criterio, algún crítico de mañana podrá asegurar que la historia de la torre de Babel no puede ser más antigua que la torre Eiffel, puesto que consta que, efectivamente, en la Exposición de París hubo cierta confusión de lenguas. Y el caso es que la mayor parte de los documentos medievales accesibles al lector moderno son innecesariamente relatos tardíos, como Chaucer y las baladas de Robin Hood; pero no por eso son menos dignos de atención y aun de fe para el crítico juicioso. Porte lo que queda de una época es lo que tuvo en ella vida más intensa y robusta. Leer la historia al revés es una costumbre muy recomendable. Para un hombre de hoy es mucho mejor investigar la Edad Media a través de Shakespeare —cuyas palabras entiende plenamente y que está todavía nutrido con la. Sustancia medieval—, que tratar de investigarla en Caedmon, de quien nada puede saber, y de quien poquísimo saben las autoridades que de él se autorizan. Y lo que es cierto de Shakespeare lo es más de Chaucer. Si realmente queremos conocer los rasgos dominantes del siglo XII, no es mal método preguntarse qué quedaba de ellos en el siglo XVI. Cuando el lector hojea los Cuentos de Canterbury, que, siendo tan divertidos como Dickens, son tan medievales como la catedral de Durham, ¿qué es lo primero que se pregunta? ¿Por qué se llama Cuentos de Canterbury? ¿Qué buscaban los peregrinos por el camino de Canterbury? Desde luego, se ve que tomaban parte en alguna fiesta popular como algún asueto moderno, aunque mucho más gozosa y libre. Y no creo que aceptemos como una evidencia contundente de progreso el que aquellos asuetos derivasen del culto de los santos del cielo, mientras que los nuestros derivan de las disposiciones de los banqueros.

Parece mentira, pero ya en nuestros días es fuerza recordar a la gente que un santo quiere decir un hombre sumamente bueno. La noción de una supremacía puramente moral, compatible hasta con la estupidez y el fracaso, es una idea que nos subleva y asombra a fuerza de ser familiar, y que necesita, como muchas otras cosas de aquellas vetustas sociedades, de algún absurdo paralelo moderno que nos la haga percibir en toda su fuerza y razón originales. Veamos: si en una ciudad moderna encontrásemos un pilar como la columna de Nelson, pongo por caso, nos extrañaría saber que el héroe que está en lo alto había sido famoso por la cortesía e hilaridad que sabía conservar durante los accesos crónicos del dolor de muelas. Si después viéramos venir por la calle una procesión con banda de música y un héroe montado en un caballo blanco, nos sorprendería averiguar por toda explicación que aquel hombre había sido muy paciente con una señora tía suya, medio chiflada. Sin embargo, sólo con estas imágenes imposibles podemos darnos cuenta de la novedad que suponía la idea cristiana al adoptar al santo como cosa popular y reconocida. Y, sobre todo, hay que penetrarse de que este género de gloria, siendo el más alto, era también el más bajo en cierto sentido. Los materiales de que estaba hecha esta gloria eran los mismos del trabajo humilde y la oscura vida doméstica

: no necesitaba de la espada ni el cetro, sino más bien del azadón y del báculo, y así, podía ser la ambición del pobre. Y todo esto hay que percibirlo, más o menos claramente, antes de examinar los grandes efectos de la historia que sirve de fondo a la peregrinación de Canterbury. Los primeros versos del poema de Chaucer, para no hablar de los millares que vienen después, nos hacen ver al instante que allí no se trata de una orgía laica, relacionada con alguna sombra de ritual referente al nombre de algún dios —como pudo pasar en la decadencia del paganismo—. Chaucer y sus amigos piensan en Santo Tomás, por lo menos con más frecuencia que en San Lubbock, un clérigo de Margate. Creían firmemente en las curas milagrosas obradas por mediación del santo; tan firmemente, al menos, como cualquier contemporáneo ilustrado y progresista cree en las de la señora Eddy. ¿Quién era, pues, ese Santo Tomás a cuyo santuario acudían aquellas gentes? ¿Y por qué era tan importante? Si hubiera un adarme de sinceridad en la pretensión de predicar historia social democrática, en vez de proponer esas listas de nombres de reyes y batallas, he aquí la verdadera y natural senda para acercarse al conocimiento de la figura que disputó al primer Plantagenet el dominio de Inglaterra. La verdadera historia popular debe cuidarse más de su popularidad que de su doctrina y su arte. En aquella época, millares de agricultores, carpinteros, cocineros, hacendados, como en la abigarrada muchedumbre de Chaucer, sabían seguramente más de Santo Tomás que de Becket, a quien tal vez no oyeron nombrar en su vida.

    Muy cómodo sería describir el período que siguió a la Conquista como un mero laberinto feudal—que así fue, en efecto—, hasta que sobreviene un príncipe de Anjou y repite el esfuerzo unificador de la Conquista. También parece que es muy fácil hablar de las cacerías del rey Rojo en lugar de hablar de sus edificaciones, que han durado mucho más y que él acaso amaba más. Muy sencillo es catalogar las cuestiones que disputó con Anselmo, omitiendo la que más le importaba a Anselmo y que éste propuso con una explosiva sinceridad: ¿Por qué Dios fue hombre? Todo esto es tan fácil como declarar que un monarca reventó de comer lampreas de lo cual, por otra parte, pocas enseñanzas podemos sacar hoy en día, como no sea el que cuando un rey muere por culpa de su glotonería, es raro que los periódicos lo confiesen. Pero, si lo que queremos es saber realmente lo que pasaba en Inglaterra durante aquella época tan oscura, creo que sólo lo podremos averiguar trazando —confusa, pero verídicamente— la historia de Santo Tomás de Canterbury.

Enrique de Anjou, que trajo a la monarquía nueva sangre francesa, también trajo un nuevo impulso a la idea por la que siempre combatiera el francés la idea de que en la Ley romana hay algo impersonal y omnipresente. Es esta idea la que todavía nos hace sonreír a la lectura de un cuentecillo policíaco francés, cuando se habla de que la justicia abrió una maleta de mano o de que la justicia corrió tras un coche de punto. Y, realmente, Enrique II produce esta impresión de haber sido una fuerza de policía hecha hombre; un sacerdote contemporáneo comparaba su vigilancia incansable con el pájaro y el pez de la escritura, cuyos caminos nadie conoce. Pero monarquía era decir ley, y no capricho, y su ideal era el crear una justicia tan gratuita y tan evidente como la luz del día, noción que todavía censuramos en algunas frases hechas sobre «el inglés del rey» o «el camino real del rey». Pero, aunque la realidad tendiese a ser igualitaria, por sí misma no tendía a ser humanitaria. En la moderna Francia, como en la antigua Roma, a menudo el nombre de la Justicia es el Terror. El francés es, sobre todo, revolucionario nunca anarquista. Ahora bien: el esfuerzo de los monarcas que, como Enrique II, quisieron reedificarlo todo conforme al plan de la ley romana, no sólo fue contrariado y obstruido de mil modos por los incontables caprichos y ambiciones feudales, sino condicionado también por el imperio, de algo que era entonces la piedra fundamental de la civilización. No sólo había que trabajar de acuerdo con la Iglesia, sino dentro de ella. Porque para aquellos hombres, una iglesia era más bien como un mundo en que vivían, que no un sitio adonde iban de tiempo en tiempo. Sin la Iglesia, no habría ley posible en la Edad Media, así como la Reforma no hubiera tenido Biblia a no haber Iglesia. Numerosos sacerdotes exponían y embellecían el Derecho romano; muchos ayudaron a mantenerse a Enrique II. Y todavía hay otro elemento en la Iglesia que yacía en sus mismos fundamentos, como un depósito de dinamita, y que estaba destinado a destruir y renovar el mundo en todo tiempo: un idealismo muy cercano al "imposibilismo" circulaba, como corriente oculta, paralelamente a todas las canalizaciones políticas de aquella era. El monasticismo era el seno en que se abismaban innumerables utopías sin posteridad, pero con perpetuidad. Poseía el monasticismo, como una y otra vez lo demostró, tras largos períodos de corrupción, un extraño secreto para empobrecer en un instante: una facultad de destruir como la del hongo. Este viento de tempestad de la época de las Cruzadas sorprendió a Francisco de Asís, y, arrancándole de sus riquezas, le arrojó a la calle. También azotó sobre Tomás Becket, brillante y pomposo canciller del rey Enrique, y, brindándole una gloria ultraterrestre, le arrastró a un fin sangriento.

    Becket era un tipo característico de los tiempos en que era muy práctico no ser práctico. La contienda que le dividió de sus amigos no puede apreciarse bien a la luz de esos debates legales y constitucionales que tanto han influido en las desgracias del siglo XVII. Acusar a

Santo Tomás de ilegalidad o intriga clerical cuando alzó contra la ley del Estado la de la Iglesia, sería tan torpe como acusar a San Francisco de poca ciencia heráldica, cuando se decía hermano de la Luna y el Sol. Podrá haberse dado el caso de heraldistas que fueran lo bastante estúpidos para afirmarlo así, aun en aquella era de la lógica; pero no es argumento bastante para discutir con las visiones místicas o con las revoluciones. Santo Tomás de Cantorbery era un gran visionario y un gran revolucionario; pero, hasta donde ello afecta a Inglaterra ni su revolución tuvo éxito ni sus visiones fueron plenamente satisfechas. En los libros de texto apenas nos dicen de él algo más que su rompimiento con el rey, a causa de ciertas reglamentaciones, siendo la más importante la de si los clérigos delincuentes habían de ser juzgados por el Estado o por la Iglesia. En efecto, ésta fue la principal causa de la disputa, pero sólo la entenderemos insistiendo en un punto que tanto trabajo le cuesta entender a nuestra moderna Inglaterra: la naturaleza de la Iglesia católica, cuando constituía gobierno, y el sentido en que dicha Iglesia era, a la vez, una revolución permanente.

Lo principal es lo que siempre se olvida; y lo principal es aquí que la Iglesia contaba con una máquina de perdones, mientras que el Estado sólo disponía de una máquina de castigos. La Iglesia aspira a ser como una policía divina, que ayudaba al reo a escapar mediante una apariencia de proceso. Estaba en la naturaleza de la institución el castigar lo más levemente posible, cuando de hecho había que imponer pena material. Un moderno, metido en el asunto de Becket, hubiera sentido que sus simpatías se dividían entre los dos bandos; porque si el plan del rey era el más racional, el punto de vista del arzobispo era el más humano. Y, a pesar de los horrores que ennegrecieron las disputas religiosas, tiempo después, este carácter de humanidad vino a ser, en conjunto, el carácter histórico del gobierno de la Iglesia. Se admite, por ejemplo, que cosas como el despojo o el maltrato por parte del arrendador, eran prácticamente desconocidas dondequiera que el propietario era la Iglesia. En días más tristes, este principio todavía se mantiene, en el hecho mismo de que la Iglesia entregara al brazo secular a los culpables, cuando había que matarlos, así fuera por delitos de orden religioso. Las novelas modernas consideran esto como una simple hipocresía; pero el hombre que trata como hipocresía toda incongruencia humana, es un hipócrita para con sus propias incongruencias.

Así, nuestra época no puede entender a Santo Tomás ni a San Francisco, sin aceptar la existencia de una caridad ardiente y fantástica, en virtud de la cual el gran arzobispo se convierte en defensor de todas las víctimas de este mundo, dondequiera que la rueda de la fortuna machaca la cara del pobre. Puede haber sido demasiado idealista: pretendía proteger a la Iglesia como a una especie de Paraíso terrenal, cuyas leyes le parecían tan paternales como las del Cielo, pero que al rey le resultaban tan caprichosas como las del reino de la fantasía. Pero, si muy idealista era el sacerdote, el rey era, realmente, muy práctico; y aun es justo afirmar que lo era demasiado para salir bien en la práctica. Y aquí reaparece —e inspira, a mi entender, toda la historia posterior de Inglaterra— esa verdad casi inefable que he procurado indicar tratando del Conquistador: que acaso era demasiado impersonal para ser un puro déspota. La verdadera moral de nuestra historia en la Edad Media yo creo que es sutilmente contraria a la visión de Carlyle, quien se figuraba ver a un hombre poderoso y terrible forjando y ajustando el Estado al modo de un herrero.

Nuestros hombres enérgicos lo fueron demasiado para nosotros y para sí mismos.

Demasiado enérgicos para realizar su sueño de una monarquía justa y equitativa. El herrero rompió sobre el yunque la espada que se estaba forjando. Sea o no cierto que esta explicación puede servir de clave a la muy embrollada historia de nuestros reyes y barones, aclara muy bien la situación de Enrique II y su rival. Enrique II se puso fuera de la ley, por su anhelo absoluto de legalidad. También él, aunque de un modo más frío y remoto, se convierte en defensor del pueblo contra las opresiones feudales; y si su política se hubiera impuesto en toda su pureza, habría hecho imposibles el capitalismo y los privilegios de otros tiempos. Pero parecía presa de aquella inquietud corporal que se descarga dando puntapiés y empellones a los muebles ; y algo de esto fue lo que les impidió, a él y a sus herederos, sentarse tranquilamente en el trono, como los herederos de San Luis. Continuamente se arrojaba contra el escurridizo y casi intangible utopismo de los sacerdotes, como hombre que lucha con un fantasma; contestaba los desafíos trascendentales con las persecuciones materiales más bajas; y, al fin, en un día negro —y pienso que también decisivo para los destinos de Inglaterra—, una palabra suya envió a los claustros de, Canterbury a cuatro asesinos feudales; iban a acabar con un traidor, y crearon un santo.

De la tumba de aquel hombre surgió al punto una especie de epidemia de curas milagrosas. Para admitir estos milagros hay, por lo menos, la misma evidencia que para la mitad de los hechos históricos, y el que los niega, los niega por razones dogmáticas. Pero algo sucedió después, que para la civilización moderna resulta mucho más monstruoso que un milagro. Imagínese el lector a Mr. Cecil Rhodes obligado a tolerar que le cabalgue encima un bóer en la catedral de San Pablo, como satisfacción a alguna muerte injusta causada durante la expedición de Jameson, y tendrá una ligera idea de lo que significó el hecho de que los monjes azotaran a Enrique II sobre la tumba misma de su vasallo y enemigo.

El paralelo moderno es cómico, pero la verdad es que los acontecimientos medievales a que me refiero tuvieron una violencia que, para nuestras modernas convenciones, resulta cómica. Los católicos de aquel tiempo gobernaban su conducta por dos principios dominantes: el todo poder de la penitencia como respuesta al pecado, y el todo poder de los actos externos, tangibles y evidentes, como prueba de la penitencia.

Una humillación extravagante, después de una manifestación de orgullo extravagante, restauraba el equilibrio de la salud. Vale la pena de insistir en esta teoría, porque el olvidarla es causa de que los modernos no acierten a desenredar la historia de este período. Green, por ejemplo, dice gravemente que los actos de tiranía y los fraudes de Fulk de Anjou, antecesor de Enrique, fueron todavía exagerados por aquella «baja superstición», que le llevó a ser arrastrado con una cuerda alrededor de un templo, azotado y clamoroso, y todo por la merced de Dios. Los medievales hubieran dicho simplemente que bien pudiera ser que aquel hombre aullara, pero que sus aullidos eran el único comentario que lógicamente le tocaba hacer. Por lo demás, se habrían negado a admitir la idea de que sus clamores eran una cantidad que había que sumar a sus pecados, en vez de restarla. A ellos les hubiera parecido simplemente absurdo el tener igual horror del hombre que es horriblemente pecador y del que padece horriblemente.

Pero creo que podemos aventurar, aunque con las vacilaciones propias de la ignorancia, que el ideal angevino de la justicia real perdió más con la muerte de Santo Tomás de lo que al momento pudo manifestarse en el horror de la cristiandad, la canonización de la víctima y la penitencia pública del tirano. Porque todo esto fue, en cierto sentido, pasajero: el rey recobró el poder de juzgar a los clérigos; y otros reyes y justicieros posteriores continuaron el plan monárquico. Pero debo hacer notar (y es la única explicación posible a los embrollados acontecimientos que habían de venir después) que aquí mismo, y al decretar aquella muerte, la corona perdió para siempre lo que hubiera podido ser el silencioso y firme sostén de su política: me refiero al pueblo.

Inútil repetir que el despotismo suele resultar democrático: su crueldad con el poderoso es bondad con el débil. A un autócrata no se le puede juzgar, como a un personaje histórico, por sus relaciones con los demás personajes. El aplauso no le viene, verdaderamente, de esos contados actores que se mueven en el iluminado escenario de la aristocracia, sino de aquella enorme audiencia que, por fuerza, está en la oscuridad mientras el drama se representa. El rey que protege a los innumerables, protege a los innominados, y cuando distribuye con mayor generosidad sus caridades, es un verdadero cristiano haciendo el bien a hurtadillas. Esta especie de monarquía, que fue un positivo ideal de la Edad Media, no tenía por qué fracasar necesariamente en la realidad. Los reyes franceses nunca fueron más misericordiosos para el pueblo que cuando fueron despiadados para con los padres; y, probablemente, es cierto que un zar que fue gran señor para los que le rodeaban, fue a menudo un «padrecito» afectuoso en innumerables casitas pobres. Es de una probabilidad aplastante que tal poder central, aunque, al fin, haya merecido ser derrocado en Francia, como en Inglaterra, hubiera podido impedir, aquí y allá, en determinado momento, el que unos cuantos se apoderasen del poder y la riqueza para conservarlos hasta nuestros días. Pero en Inglaterra, el poder central se fue derrumbando en virtud de actos de que la muerte de Santo Tomás es el primer ejemplo.

Esta muerte fue un choque demasiado violento contra los instintos del pueblo. Y qué se entendía en la Edad Media por el pueblo —cosa muy peculiar y muy importante— lo diré en el próximo capítulo. En todo caso, los acontecimientos ulteriores parecen confirmar semejante conjetura. Porque no sólo aconteció que el gran proyecto —pero demasiado personal— del primer Plantagenet fracasara, en medio del caos de la guerra de los Barones, como antes el gran proyecto —pero demasiado personal— del Conquistador había fracasado en el caos de la transición del rey Esteban. Una vez que hemos dado lo que les corresponde a las ficciones e intenciones constitucionales, todavía nos parece que aquí, por vez primera, la monarquía perdió algo de su fuerza moral. El carácter del segundo hijo de Enrique, es decir, Juan (porque Ricardo pertenece más bien al capítulo anterior), dio a la monarquía cierto sello, que, con ser accidental, fue simbólico. No quiero decir que Juan haya sido una mancha negra en el oro puro de los Plantagenets: el tejido estaba mucho más mezclado y tramado de lo que parece. Sino que, realmente, Juan fue un Plantagenet desacreditado y, por lo mismo, un Plantagenet estropeado. No quiero decir tampoco que fuese un hombre mucho más malo que la mayoría de sus contrarios; pero era malo de aquel modo especial que suscita, a un tiempo, la enemiga de los buenos y de los malos.

En un sentido más sutil que el de esa lógica de regateos, legal y parlamentaria, inventada mucho tiempo después, este rey se las arregló en verdad para dejar mal puesta la corona.

A nadie se le ha ocurrido decir que los barones del reino de Esteban hacían perecer de hambre a los hombres en sus calabozos, a fin de promover las libertades políticas, o los colgaban por los pies, como una petición simbólica del libre parlamentarismo. Durante el reinado de Juan y de su hijo, también fueron los barones quienes se adueñaron del poder, y no el pueblo; pero entonces comenzó a haber cierta justificación para ello, tanto a los ojos de los contemporáneos como de la historia. Juan, en uno de sus artificios diplomáticos, había puesto a Inglaterra bajo la salvaguardia papal, como se pone un Estado en Chancillería. Y, por desgracia, el Papa, cuyos consejos habían sido generalmente bondadosos y liberales, estaba empeñado por aquel entonces en lucha mortal con el emperador alemán, y necesitaba aprovechar hasta el último penique que le ofrecieran. Y en éste y otros puntos, el partido de los barones comenzó a adoptar cierto principio de conducta, lo cual es ya el espinazo de una política. Muchas narraciones convencionales, que ven en los consejos de los barones algo como nuestra Cámara de los Comunes, alambican todo lo que pueden para decir que el presidente empuña hoy una maza como la que los barones blandían en las batallas. Simón de Monfort no era un entusiasta de la teoría constitucional, que mantendría más tarde el partido de los Whigs, pero tenía sus entusiasmos. Cierto es que fundó un Parlamento sobre la base de la más completa ausencia de mentalidad; pero, en cambio, con una gran presencia de ánimo —que alcanza un sentido profundo y hasta religioso, si se recuerda que su padre fue un enemigo terrible de los herejes— supo combatir, al lado de éste, espada en mano, antes de la caída de Evesham.

La Carta Magna no fue un paso adelante en el camino de la democracia, sino un paso atrás en el despotismo. Esta doble interpretación nos facilita la inteligencia de todos los ulteriores sucesos. Un régimen aristocrático algo tolerante vino así a conquistar, y muchas veces lo mereció, el nombre de libertad. Y toda la historia de Inglaterra podría resumirse advirtiendo que, de los tres ideales de la divisa francesa —Libertad, Igualdad, Fraternidad— los ingleses han demostrado gran apego al primero y han perdido, en cambio, los otros dos.

Dentro de la complicación del momento, mucho pudo hacerse, tanto en pro de la corona como de un nuevo agrupamiento de las fuerzas de la nobleza, según principios más racionales. Pero la complicación no pasa de ser complicación, mientras que el milagro es un hecho absoluto que todo el mundo podía entender. Hasta dónde pudo llegar Santo Tomás Becket, es un enigma de la Historia: el fuego de su audacísima teocracia fue sofocado, y su obra quedó sin cumplir, como un cuento de hadas sin acabar. Pero el pueblo conservó su memoria. Y para el pueblo, Becket vino a valer más muerto que vivo, y hasta tuvo —muerto— más eficaces tareas que realizar.

En el próximo capítulo veremos lo que era el pueblo en la Edad Media y lo extraña que ahora nos resulta su situación. Arriba hemos visto ya cómo, en la Edad de las Cruzadas, las cosas más maravillosas parecen del todo familiares, y cómo, a falta de periódicos, la gente leía historias de viajes. Las pintorescas decoraciones martirológicas de muros y ventanas habían familiarizado, aun a los más ignorantes, con la idea de que en otras partes del mundo había unas costumbres crueles y extrañas; todos sabían algo de aquel obispo a quien desollaron los daneses, o de la virgen quemada por los sarracenos, del santo lapidado por los judíos y del otro que descuartizaron los negros. Y no creo que dejara de tener importancia a los ojos del vulgo el que, entre todos aquellos mártires, uno de los más espléndidos hubiera hallado la muerte a manos de un monarca inglés y en sus mismos días.

En efecto: algo había en ello del ambiente fantástico de las primitivas novelas épicas, algo que recordaba la historia de aquellos dos amigos atléticos, uno de los cuales pegó muy fuerte y mató al otro. Acaso, desde aquel instante, quedaron juzgadas, aunque en silencio, muchas cosas; y ya la corona apareció a los ojos del vulgo con un misterioso sello de inseguridad, como el de Caín, y una amenaza de proscripción para los reyes de Inglaterra.

VIII
QUE QUIERE DECIR «LA ALEGRE INGLATERRA»

EL equívoco que ha podido embrollar y deshumanizar del todo la primera mitad de la historia inglesa es fácil de descubrir: consiste en relatar los hechos de los destructores profesionales y lamentar después que toda la historia sea un proceso de destrucción. Un rey es, en el mejor de los casos, una especie de ejecutor coronado; todo gobierno es una penosa necesidad; y si entonces el gobierno parecía peor que nunca, es porque también resultaba más difícil que nunca. Lo que hoy son las periódicas visitas de inspección de los jueces, eran en aquel tiempo las periódicas correrías del rey. Hubo un día en que la clase criminal era tan potente, que el gobierno sólo podía mantenerse mediante una perpetua guerra civil. Cuando el enemigo social caía en manos del gobierno, o se le mataba o se le mutilaba de un modo atroz. Después de todo, el rey no podía ponerle ruedas a la prisión de Pontonville y llevarla a todas partes consigo. Lejos de mí el negar que haya habido verdaderas crueldades en la Edad Media; pero es justo reconocer que sólo afectaban a aquella parte de la vida, que ya es bastante cruel por sí misma, y que entonces aparecía más cruel, por lo mismo que era más arrojada. Cuando se nos ocurra imaginar que nuestros antecesores eran unos hombres que imponían tormentos, no estaría mal que recordáramos de paso que también desafiaban al tormento. Pero nuestros críticos del medievalismo prefieren escrutar en estas horrendas penumbras, y no tienen ojos para la luz del día medieval. Una vez que se han, dado cuenta de que los guerreros combatían y los verdugos ahorcaban, presumen que toda otra manifestación de la vida en aquella época fue estéril e ineficaz. Y censuran el horror del monje hacia las mismísimas acciones que antes habían censurado en el guerrero. Insisten en la esterilidad de las artes de la guerra; pero no admiten siquiera la posibilidad de que las artes de la paz fueran, al menos, productivas. ¡Cuando precisamente en las artes de la paz y en el tipo de la producción es en lo que la Edad Media ha sido única! Y esto no es ditirambo, sino historia pura; todos los entendidos reconocen esta enorme productividad, aun cuando puedan detestarla. Todas esas cosas melodramáticas, ordinariamente designadas con el nombre de medievales, son mucho más antiguas y generalizadas, como el deporte del torneo o los usos del tormento. El torneo, en efecto, fue un perfeccionamiento cristiano y liberal del antiguo combate gladiatorio, porque ya aquí arriesgaban el pellejo los propios señores, y no solamente sus esclavos. El tormento, lejos de ser peculiar de la Edad Media, es una imitación de la Roma pagana, y su sola aplicación a los que no eran esclavos es ya una consecuencia de esa lenta extinción de la esclavitud que avanza por toda la era medieval. El tormento es una costumbre lógica, muy común en las sociedades limpias de fanatismo. como en el gran imperio agnóstico de la China. Lo único propio y singular de la Edad Media, como la disciplina espartana lo es de Esparta o las columnas rusas de Rusia, es su cuadro social de producción, su don de hacer, fabricar y desarrollar todas las buenas cosas de este mundo.

Aquí apenas podemos dar idea de la vida medieval inglesa. Las dinastías y Parlamentos pasaban como nubes cambiantes sobre un paisaje fértil y estable. Las instituciones que afectaban la vida del pueblo puede decirse que eran como el trigo, o como los árboles frutales, por cuanto crecían de abajo arriba. Podrá haber mejores sociedades, así como no tenemos que ir muy lejos para buscar otras peores; pero difícil sería encontrar otra sociedad más espontánea. Así, por ejemplo, por muy fragmentario y defectuoso que pueda haber sido aquel gobierno, no seríamos justos comparándolo con ninguno de los gobiernos locales de hoy en día. Todo gobierno local procede, en nuestros tiempos, de arriba; en el mejor caso, es una concesión, y la mayoría de las veces no pasa de ser una imposición. La moderna oligarquía inglesa, el moderno imperio germánico, son seguramente muy aptos para sujetar las municipalidades a un plan, o, más bien, a un molde. Pero los medievales no sólo tenían autonomía, sino que su autonomía era de autofabricación. Naturalmente, a medida que el poder central de las monarquías nacionales se robustecía, las regiones autonómicas acudían a la sanción o aprobación del Estado; pero esto no era más que la aprobación de un hecho popular preexistente. Los hombres se agrupaban ya en gremios y parroquias mucho antes de que se soñara siquiera en las cartas de gobierno local. Como la caridad bien entendida —que también iba por los mismos caminos—, su Home rule comenzaba por la propia casa (at home). Las reacciones de época posterior han dejado a la mayoría de la clase educada en estado de completa ineptitud para imaginar un fenómeno semejante. La clase educada sólo mira ya a las multitudes como agentes de destrucción, aun cuando acepte el derecho que para destruir les asiste. Pero hay que esforzarse por comprender que en aquellos siglos la multitud, lejos de destruir, produjo; que aquellas obras maestras las llevó a cabo un artista de muchas cabezas, un artista de muchos ojos y muchas manos. Y si algún escéptico a la moderna, en su odio por el ideal democrático, encuentra mal que hable yo de obras maestras, por ahora sólo quiero responderle que la misma palabra «obra maestra» procede de la terminología de los artesanos medievales. Pero ya hablaremos después de este y otros particulares del sistema corporativo; aquí sólo se trata del desarrollo enteramente espontáneo que tuvieran esas instituciones, las cuales parecían formarse en la calle, como una rebelión silenciosa, como motín que cuajara en moldes estatuarios. En los modernos países constitucionales no se da el caso de instituciones políticas que procedan a tal punto del pueblo; todas son concedidas al pueblo. Sólo hay una cosa que se mantiene hasta hoy atenuada y amenazada, pero firme todavía, como un fantasma medieval: las «Trade Unions».

En materia de agricultura sucedió algo como un hundimiento general de tierra que, por algún prodigio superior a las catástrofes de la geología, en vez de ser hacia abajo fuera hacia arriba. La civilización rural vino a ocupar un nivel completamente nuevo y más alto que el anterior, pero sin grandes convulsiones sociales ni, al parecer, grandes campañas. Acaso sea este el único ejemplo en la historia de que los hombres hayan caído hacia arriba; o, por lo menos, de que la gente a quien se arroja a empellones caiga sobre sus pies, o de que los vagabundos, al perderse, den con la tierra prometida. Semejante cosa no puede ser, ni lo fue en verdad, un accidente; pero, examinándolo bien, descubrimos que fue una especie de milagro. Algo como una raza subterránea apareció entonces bajo el sol, algo desconocido en la civilización heredada del Imperio Romano: la gente campesina. A los comienzos de la Edad Media, la gran sociedad cosmopolita, que antes había sido pagana y ahora se cristianizaba, era un Estado esclavo, como lo fue después de la antigua Carolina del Sur. Hacia el siglo XIV era ya un Estado de propietarios campesinos, como la moderna Francia. No porque se hubiera decretado ley alguna contra la esclavitud; tampoco la había condenado por definición ningún dogma; ninguna guerra se había promovido en su contra, ni la había tampoco rechazado ninguna nueva raza o casta reinante; pero el hecho es que la esclavitud se había ido disipando sola. Esta transformación, admirable y silenciosa, nos da acaso la medida más justa de lo que fue durante la Edad Media el peso de la vida del pueblo y de la velocidad con que en aquella fábrica espiritual se construían las nuevas casas. Tal movimiento fue anónimo y enorme, como todo hecho característico —catedral, baladas, romances de aquella revolución—. Se admite generalmente que los emancipadores más eficaces y conscientes fueron los párrocos y las hermandades religiosas; pero de ellos no ha sobrevivido ningún nombre, y ninguno de ellos ha recibido la recompensa de gloria que le debe el mundo.

Incontables Clarksons e innumerables Wilberforces, sin elementos políticos ni nombre público, trabajan activamente junto a los hechos mortuorios y en los confesionarios de todas las aldeas de Europa; y así desapareció el vasto sistema de la esclavitud. Acaso es la obra más amplia que se haya realizado jamás por consentimiento mutuo de las dos partes. En esto y otras cosas más, la Edad Media fue la edad de los voluntarios. Fácil es darse cuenta de las diversas etapas del proceso; pero esto no explica el hecho de que los grandes propietarios de esclavos aflojaran la garra, lo cual sólo admite una explicación psicológica. El tipo católico de la cristiandad no sólo venía a ser un elemento, sino un clima o ambiente; en aquel clima la esclavitud no podía crecer. Ya he dado a entender, a propósito de la transformación del Imperio Romano —telón de fondo de aquellos siglos—, que tales efectos eran consecuencia necesaria del concepto místico sobre la dignidad del hombre. Una mesa que habla y que anda, o un taburete que cobra alas y se escapa por la ventana, no serían ya un objeto manejable; serían un mueble inmortal. Pero aquí —y en todas partes— sólo el espíritu explica el proceso, y nunca el proceso explica el espíritu; hay que establecer dos puntos previos, sin los cuales no se entiende cómo ha sido creada, o destruida, esta gran civilización popular.

Los que llamamos feudos habían sido antes las *villae* de los señores paganos, cada una con su respectiva población de esclavos. Y en aquel proceso de emancipación, como quiera que se lo entienda, se nota que disminuye el apetito del señor a aprovecharse de todo el fruto de la esclavitud, persistiendo sólo un deseo de aprovechamiento parcial, que, al fin, se reduce a ciertos derechos o pagos, mediante los cuales, el esclavo no sólo puede usar de la tierra, sino beneficiarse de sus provechos. Conviene recordar que en muchas partes —y, especialmente, las más importantes— del territorio, los señores eran abades, magistrados elegidos por la comunidad mística, y, a menudo, aldeanos de origen. Los hombres de la comarca no sólo recibían de sus cuidados mucha justicia, sino también mucha libertad de su descuido. Y hay que observar dos aspectos curiosos de esta situación: desde luego —como en todas partes se dice—, el esclavo se mantuvo por mucho tiempo en el estado intermediario de siervo. Esto significa que él estaba adscrito al servicio de la tierra, y la tierra estaba confiada a su amparo. No se le podía despojar, y ni siquiera perdonar el alquiler, para dar a la palabra su sentido moderno. En los orígenes de la institución, el esclavo era poseído; y, ahora, el esclavo no podía ser desposeído. Había venido a ser, pues, como un pequeño terrateniente, sólo por el hecho de que no era el señor, sino la tierra, quien le poseía. No creo que haya riesgo en indicar que aquí, por una de tantas paradojas de esta época tan extraordinaria, la misma estabilidad de la servidumbre fue provechosa para la libertad. El aldeano de ahora heredó algo de la estabilidad del esclavo de ayer. No vino a la vida en medio de una disputa general, donde todos trataran de arrebatarle la libertad, sino que se encontró rodeado de vecinos que consideraban su presencia como cosa normal y sus fronteras como fronteras naturales, y para quienes todo intento de competencia quedaba ahogado bajo el peso de costumbres inquebrantables. Así, mediante una trampa o trastorno, que ningún novelista ha osado todavía aprovechar, el prisionero se convirtió en gobernador de su antigua cárcel. Y así, durante algún tiempo, casi pudo decirse que todos los ingleses tenían por casa un castillo, puesto que las casas habían sido construidas con bastante solidez para servir de calabozos.

El segundo aspecto de la cuestión es este: cuando sobrevino la costumbre de no ceder al señor sino una parte del producto de la tierra, el resto se subdividió generalmente conforme a dos tipos de propiedad: primero, los siervos disfrutaban privadamente de una parte del bien; y segundo, lo demás lo disfrutaban en común, y generalmente, en común con el señor. De aquí esa importante institución de la Edad Media: la propiedad territorial común, que coexistía con la privada. Era, al mismo tiempo, una alternativa y un refugio. Los medievales, con excepción de los monjes, no eran comunistas; pero eran todos comunistas potenciales. Un efecto característico de la imagen negra e inhumana que hoy solemos tener de aquel tiempo, es que nuestras novelas históricas describan a los malvados internándose en las selvas o cavernas salvajes; pero nunca los describen refugiándose en las tierras comunes, lo cual era un caso mucho más frecuente. Porque la Edad Media creía en la corrección de los malvados, y así como existía esta idea en la vida comunal para los monjes, también existía en la tierra comunal para los aldeanos. Aquél era su vasto hospital campestre y su gran taller al aire libre. Una comuna no era una cosa desnuda y negativa, como esos basureros o matorrales que suele haber más allá de los suburbios, y que hoy llamamos comunas en Inglaterra. Era más bien una reserva de riquezas, como un granero. Y, en efecto, se le reservaba deliberadamente a modo de balanza, como hoy se habla de la balanza del Banco.

Ahora bien: todas estas provisiones que tendían a sanear la distribución de la propiedad, bastan por sí solas para hacer comprender a cualquiera que tenga la cabeza en su sitio que algún esfuerzo moral se había hecho, con el fin de obtener mayor justicia social; que no es posible que el simple azar de las evoluciones haya transformado al esclavo en siervo y al siervo en propietario rústico. Pero si hay quien crea todavía que la ciega fortuna, sin ningún tanteo hacia la nueva luz, pudo traer, en lugar del estado de esclavitud agraria, la nueva condición campesina, no tiene más que considerar lo que sucedía en todos los demás órdenes y aspiraciones humanas. Entonces dejará de dudar. Porque verá entonces a los medievales ocupados en construir un esquema social, que claramente persigue un fin humanitario y acusa un deseo ardiente de igualdad. Y este sistema no puede ser fruto del acaso, como las catedrales de la época no pueden ser productos del terremoto.

La mayor parte del trabajo, fuera de las primeras tareas de la agricultura, se desarrollaba bajo la inspección igualitaria de los gremios. Difícil es encontrar término para apreciar la distancia entre semejante sistema y la sociedad actual, y apenas podemos rastrear las huellas que ha dejado. Nuestra vida diaria está como tendida sobre un manto de despojos de la Edad Media, entre los cuales abundan las palabras muertas, ya sin sentido. Antes he dado un ejemplo. Nada puede evocar menos la imagen del comunismo cristiano que la «comuna» de Wimbledon. Y lo mismo hay que decir a propósito de insignificancias como las letras mismas que escribimos en nuestras cartas y tarjetas postales.

La misteriosa palabra trunca, el monosílabo «*Esq*». que en ingles ponemos a continuación del nombre de la persona, es una patética reliquia de cierta remota revolución, que transformó la caballería en «novelería».

No hay dos cosas más diferentes que el «esquire» medieval y el moderno «squire». Con la antigua palabra «esquire» se designaba un estado incompleto y de noviciado: el del escudero, gozquecillo de la caballería; la segunda palabra, en cambio, designa una situación segura y completa: designa al señor, propietario y dueño de la Inglaterra rural en siglos más recientes. Nuestros «esquires» no alcanzaban su estado mientras no renunciaban a todo capricho particular por alcanzar las espuelas. «Esquire» no significa ya «squire», y «Esq» no significa ya nada. Pero todavía queda en nuestras cartas como un garabato de pluma y tinta, indescifrable jeroglífico producido por los extraños giros de nuestra historia, que han transformado una disciplina militar en una oligarquía pacífica, y a ésta, finalmente, en una mera plutocracia. Y en otras formas de los tratamientos sociales pueden encontrarse otros enigmas históricos por el estilo. Por ejemplo, la moderna palabra «Mister» contiene también la huella de algo que se ha perdido. Aun en su sonido hay cierta graciosa debilidad, que denuncia el encogimiento de la enérgica palabra de que procede. Y, en efecto, recuerdo haber leído un cuento alemán, una historia de Sansón («Samson»), donde a éste se le daba el modesto nombre de Simson, que seguramente hace aparecer a Sansón todavía más trasquilado.

    Algo de este triste *diminuendo* se advierte en la evolución de «Master» a «Mister». He aquí las razones de la importancia vital que posee la palabra «Master». Un gremio era, aproximadamente, una «Trade Union», en que cada uno era su propio amo. Es decir, que nadie podía trabajar para ningún mercado si no se afiliaba en la Liga y aceptaba las leyes de aquel mercado; pero, en cambio, trabajaba en su propia tienda, con sus instrumentos, y ganaba todo el provecho para sí. Pero la palabra inglesa correspondiente a amo, «Employer», el que emplea, significa una deficiencia moderna, que hace del todo inexacta la aplicación de la palabra «Master». El «Master» es más que un simple «patrón». Es el maestro de la obra, mientras que hoy sólo significaría el jefe de los obreros. Es carácter fundamental del capitalismo moderno el que el dueño de un barco no sepa ni para qué sirve un barco; que el terrateniente no conozca ni el contorno de sus tierras ; que al propietario de una mina de oro sólo le interese la porcelana antigua, o que el propietario de un ferrocarril viaje exclusivamente en globo. Claro es que podrá tener más éxito si siente alguna predilección por sus propios negocios; pero, desde el punto de vista económico, puede gobernar el negocio por el simple hecho de ser capitalista, no porque tenga la menor afición o el menor conocimiento de la industria que posee. En el sistema de gremios, el grado superior era el «Master», el maestro, lo cual supone una verdadera maestría en el oficio. Y, para decirlo con los términos que inventaron en aquella época los colegios, todo patrón de obreros era un maestro de Artes, «Master of Arts». Los otros grados sucesivos eran: oficial y aprendiz. Pero éstos, como los grados universitarios correspondientes, eran grados por los cuales cualquiera podía pasar; no eran clases sociales. Eran grados, no castas. Y ésta es la explicación de ese tema novelesco tan frecuente del aprendiz que se casa con la hija del maestro. Cosa que al maestro no le causaba sorpresa alguna, así como tampoco podría justificar la indignación aristocrática de ningún M. A. («Maestro en Artes») el que su hija se casara con algún B. A. («Bachiller en Artes»).

Si de las jerarquías estrictamente académicas pasamos al ideal estrictamente igualitario, nos encontramos de nuevo con que quedan ahora unos despojos del antiguo sistema, tan averiados e inconexos, que producen un efecto cómico. Nuestras actuales compañías han heredado la cota de mallas y la riqueza relativamente grande de los antiguos gremios; pero nada más. Lo que a aquéllas conviene no hubiera convenido a estos. Y no es difícil encontrarse con alguna venerable compañía de construcciones, en la cual inútil es decir que no hay un solo albañil, ni quien haya conocido a uno personalmente, pero cuyos principales accionistas en dos o tres negocios gordos, y unos cuantos militares enmuellecidos y amigos de la buena cocina, repiten, en sus brindis y charlas de sobremesa, que la mayor gloria de su vida consiste en habérsela pasado fabricando ladrillos alegóricos. También pudiéramos encontrar por ahí cierta venerable compañía de enjalbegadores, verdaderamente dignos de tal nombre, por cuanto necesitan valerse de otros para toda obra de encaladura. Estas compañías realizan, sin duda, actos de caridad, a veces muy meritorios ; pero sus fines distan mucho de los fines de los antiguos gremios.

Porque éstos buscaban con la caridad un fin semejante al que, en su línea, cumplía la propiedad de las tierras comunales, que era resistir los males de la desigualdad, o —como hubieran dicho los honrados señores de la generación pasada— resistir a la revolución. El antiguo gremio no sólo procuraba el mantenimiento y el éxito del arte de la albañilería, sino de todos y cada uno de los albañiles; trataba así de reconstruir las ruinas de cada albañil particular, y de proporcionar una blusa blanca a todo blanqueador algo deteriorado. Todo el anhelo de los gremios era el remendar a sus zapateros remendones como remendaban éstos los zapatos; el zurcir a sus roperos y vestirlos con sus retales; el reforzar los eslabones más débiles de la cadena; el seguirle la pista a la última oveja. En suma, el mantener inquebrantable el frente de los pequeños talleres como una línea de combate. Para el gremio, presenciar el desarrollo de un gran taller era como presenciar el crecimiento de un dragón. Mientras que, ahora, ni los legítimos enjalbegadores que haya en la compañía de marras podrían pretender que el objeto de dicha compañía sea impedir que el taller grande se coma a los talleres pequeños, ni la tal compañía pretenderá haber desplegado el menor esfuerzo en tal sentido. A lo sumo, la mayor generosidad de estas compañías para con un enjalbegador que se declare en quiebra, no pasará de ser una especie de compensación; nunca será una reinstalación: nunca se restaurará al quebrado dentro del sistema industrial. La compañía es tan cuidadosa del tipo como 'descuidada para con el individuo particular, por lo cual, según las modernas filosofías evolucionistas, el tipo mismo se va destruyendo. Los antiguos gremios, con el mismo objeto igualitario, exigían de modo perentorio el mismo sistema de nivelación de pagos y salarios que es hoy un argumento de protesta contra las «Trade Unions». Pero también exigían, y esto no pueden hacerlo las «Trade Unions», un tipo elevado de capacidad artística, que asombra todavía al mundo al revelársenos en los rincones de las antiguas, fábricas ruinosas o en los colores de las vidrieras estrelladas. No hay artista, no hay crítico, que se niegue a admitir, por muy alejado que este de la escuela gótica, que había en aquel tiempo una pericia artística anónima, pero universal, para moldear todos los útiles de la vida. La casualidad ha hecho llegar hasta nosotros multitud de objetos groseros, bastones, banquillos, marmitas, cazuelas, todo hecho según las formas más expresivas, y como si estuviera poseído, no de diablos, pero sí de duendes. Porque, en verdad, todos aquellos objetos y, sobre todo, si comparamos el antiguo sistema con otros ulteriores eran producto de una tierra maravillosa y de un país libre.

 Es tan cierto como doloroso el que las «Trade Unions», la más medieval de las instituciones modernas, no han podido conservar el antiguo ideal de perfección estética; pero el pretender sacar de aquí un argumento de censura, es no percatarse de la fatalidad trágica de tal decadencia. Las «Trade Unions» son confederaciones de hombres sin propiedad, que tratan de compensar su pobreza con el número y con el carácter de necesidad que tiene su trabajo. Los gremios eran confederaciones de propietarios que procuraban asegurar a cada uno en la posesión de su bien. Y éste es realmente el único régimen en que la propiedad existe de un modo positivo. No se podrá hablar de una comunidad de negros donde la mayoría sean blancos, aunque dos negros de la minoría sean gigantes. No se concibe una comunidad de hombres casados donde todos sean solteros, con excepción de tres que tienen un harén en su casa. Una comunidad de hombres casados supone que la mayoría lo estén, y no que sólo dos o tres lo estén con exceso. Una comunidad de propiedades supone que la mayoría de los asociados tengan propiedad, y no que haya dos o tres capitalistas y los demás sean unos parias. Los agremiados eran mucho más ricos todavía (y aquí entran los siervos, semisiervos y aldeanos) de lo que pudiera suponerse al considerar sólo que eran capaces de proteger la posesión de las casas e instrumentos y la justicia de los pagos. Cualquier estudio exacto de los precios de las cesas en aquel tiempo permite ver cuán considerable era el provecho último del trabajo, hechas todas las deducciones del caso y habida cuenta de las diferencias de la moneda. Porque poco importa el nombre de la moneda, cuando averiguamos que, por una o dos de las moneditas más pequeñas, se podía comprar un ganso o un galón de cerveza. Y aun donde la riqueza individual era muy escasa, la colectiva siempre era grande: la de los gremios, la de las parroquias, y, especialmente, la de las fundaciones monásticas. Conviene tenerlo bien presente al leer la historia posterior de Inglaterra.

    Por otra parte, importa notar que los gobiernos locales brotaron del sistema gremial, y no el sistema de los gobiernos. Al bosquejar los sanos principios de esa sociedad desaparecida, nadie pensará que me propongo pintar el Paraíso perdido, o que me figuro aquella época libre de los errores, luchas y penas que en todo tiempo han fatigado a la Humanidad, y no menos en nuestro tiempo. Al lado de los mismos gremios y en relación con ellos, hubo un abundante desarrollo de expediciones armadas y combates. Y especialmente se produjo, durante algún tiempo, una rivalidad belicosa entre el gremio de los mercaderes, que vendían las cosas, y el de los artesanos, que las hacían, conflicto en el cual acabaron por prevalecer estos últimos. Pero, sea que dominaran estos o los otros, los jefes de los gremios venían a ser jefes de las poblaciones, y no a la inversa. De lo cual todavía quedan algunos tenaces testimonios: tal la institución, ya del todo anómala, del Lord mayor de Londres, y la ceremonia de la «entrega de la ciudad». Tantas y tantas veces nos han repetido que el gobierno de nuestros padres estaba fundado en las armas, que no está por demás advertir que éste al menos, el de los gremios, su gobierno más familiar y consuetudinario, se fundaba en las herramientas ; gobierno, pues, en que el instrumento de trabajo era el cetro. Blake, en una de sus fantasías simbólicas, dice que en la Edad de Oro, el oro y las gemas podían arrancarse del puño de la espada para ponerlos en la mancera. Y algo de esto pasaba en este intermedio de la democracia medieval, que fermentaba bajo la dura corteza de la monarquía y la aristocracia. Allí, los utensilios de la producción alcanzaban pompas heráldicas. Los gremios solían ostentar unos emblemas muy complejos y hacer procesiones representativas de los oficios más prosaicos, de suerte que sólo podemos imaginarlas como desfiles de gente vestida con tabardos de armería, y aun con hábitos religiosos, pero hábitos y tabardos hechos de pana tosca y con botones de nácar.

Dos observaciones, para terminar, y con esto habremos redondeado nuestro bosquejo de aquella sociedad, ya tan extraña y tan fantástica a nuestros ojos. Ambas se refieren a las ligas de la vida popular con la política, que son toda la trama convencional de la historia. La primera, más evidente, por su importancia en la época, se refiere al privilegio.

Para volver al paralelo de las «Trade Unions», el privilegio de un gremio puede corresponder a ese «reconocimiento» que los ferroviarios y otros «tradeunionistas» reclamaron hace algunos años, sin éxito. En virtud de este privilegio, poseían los gremios la autoridad del rey, del gobierno central o nacional ; lo cual era de suma importancia para los medievales, que concebían la libertad como un estado positivo, y no como una excepción negativa. Ignoraban ese romanticismo moderno que hace de la libertad una idea afín de la soledad. Tal opinión se traduce en la frase que concebía a un hombre la: «libertad de vivir en la ciudad», no la libertad de los desiertos. Y añadir que también contaban los gremios con la autoridad de la Iglesia es casi ocioso. Porque la religión corrió como hebra de oro por toda la grosera urdimbre de aquella vida popular, mientras puramente popular se mantuvo. Más de una sociedad mercantil pudo tener su santo patrón antes de contar con el sello real. La otra observación se refiere al hecho de que fue aquí, en el seno de estos grupos municipales, que ya existían de antes, donde se formó la selección de los primeros hombres que habían de emprender la más amplia, y acaso la última, de las experiencias medievales: el Parlamento. Todos hemos leído en la escuela que, cuando Simón de Montfort o Eduardo I convocaron por primera vez a las comunas a consejo, para que sirvieran particularmente como cuerpos consultivos en la fijación de impuestos locales, llamaron a «dos burgueses» de cada comarca. En estas palabras, a poco examen, hubiéramos podido descubrir todo el secreto de la civilización medieval. Para eso hubiera bastado preguntarse qué eran los burgueses y que casta de árbol los producía. Y entonces habríamos caído en que Inglaterra estaba materialmente llena de pequeños Parlamentos, con cuyos sillares se edificó el mayor. Y si entre todas estas corporaciones populares colectivas los libros de Historia sólo nos hablan de la mayor (designada todavía en inglés, con elegante arcaísmo, por su arcaico nombre de Casa de los Comunes), no hay que asombrarse. La explicación es muy sencilla y hasta muy triste: es que el Parlamento fue, de todas esas corporaciones, la única que consintió en traicionar y aniquilar a las otras.

IX
LA NACIONALIDAD Y LAS GUERRAS CON FRANCIA

Si alguien desea saber lo que queremos decir cuando afirmamos quo el cristianismo fue y es una cultura o una civilización, podremos explicárselo de un modo algo tosco, pero muy claro. Veamos: ¿cuál es, entre los varios usos de la palabra «cristiano», el más común o, mejor dicho, el más establecido? Desde luego que posee un significado superior, poro también posee hoy en día muchos secundarios. A veces, cristiano quiere decir evangelista; otras—y en un sentido más reciente—, cristiano equivale a cuáquero. En ocasiones, cristiano quiere decir persona modesta quo croo firmemente tener alguna semejanza con Cristo. Poro la tal palabra se ha empleado también por mucho tiempo con significación muy precisa, dando a entender una cultura o una civilización. Benn Cunn, en la Isla del Tesoro, no le dice a Jim Hawkins «me siento del todo extraño a cierto tipo de civilización», sino que le dice: «no he probado el alimento cristiano». Las comadres del pueblo, al ver a una señora quo usa el cabello corto y pantalones de hombre, no dicen: «Advertimos cierta diferencia entre su cultura y la nuestra», sino que dicen: «Ya podría vestirse como cristiana.» Y el hecho de que este sentimiento so manifieste aun en la más sencilla y estúpida charla diaria os una evidencia de que el cristianismo ha sido una realidad intensísima. Poro, como ya lo hemos visto, también ha sido algo muy localizado, particularmente en la Edad Media. Y eso vívido localismo que la fe y estímulos cristianos parecían alentar, condujo a la postre a un «parroquialismo» limitado. Llegó a haber capillas rivales do un mismo santo y una especie de duelo entre dos imágenes do la misma divinidad. Y mediante un proceso, quo ahora tenemos el penoso deber de estudiar, surgió una verdadera pugna entre los pueblos de Europa. Los hombres empozaron a sentir quo todo extranjero no comía ni bebía al modo do los cristianos, y —cuando sobrevino el cisma filosófico— hasta a dudar de quo el extranjero fuera cristiano.

Y en el fondo había más. Porque, mientras la estructura interna do la Edad Media era un amplio popularísimo y un estrecho sentimiento do campanario, en las grandes líneas, y especialmente en los negocios externos, como la guerra y la paz, la mayoría do las cosas (no todas, por cierto) oran monárquicas. Para comprender lo quo ora el rey, hay que esforzarse por apreciar el plano do fondo —como entre tinieblas y aurora—, sobre el cual resaltan las primeras figuras do nuestra historia. El plano de fondo no es más que la guerra contra los bárbaros. Mientras ella duró, el cristianismo no sólo fue una nación, sino casi una ciudad, y ciudad sitiada. Wessex era una muralla de tal ciudad; París, una torre. Y con la misma lengua y el mismo espíritu, Beda pudo haber escrito la crónica del sitio de París, o Abbo pudo entonar el canto de Alfredo. A esto siguió una conquista, que fue también una conversión. Durante los últimos tiempos de las edades bárbaras y el albor del medievalismo, todo se resuelve en la evangelización de los bárbaros. Y la gran paradoja de las Cruzadas está en que, siendo los sarracenos superficialmente más civilizados que los cristianos, fue un gran acierto instintivo el percatarse de que, en el fondo, no eran más que unos destructores. En el caso, mucho más simple, del paganismo nórdico, el desarrollo de la civilización resultó más simple. Pero sólo en los últimos días de la Edad Media, ya muy cerca de la Reforma, se logró imponer el bautismo al pueblo de Prusia, la tierra salvaje del otro extremo de la Germania. Y no ha de faltar algún zumbón que —permitiéndose un equívoco profano entre la vacuna y el bautismo— advierta todavía que no parece haberles «prendido» el bautismo a los prusianos.

El peligro bárbaro se fue reduciendo poco a poco; y si no siempre los poderes del islamismo se dejaban romper, al menos se dejaban doblar. Los cruzados perdieron, al fin, toda esperanza, pero también toda utilidad. Y a medida que el peligro tradicional se iba disipando, los príncipes europeos, que se habían congregado para la defensa, se fueron quedando solos, frente a frente, y tuvieron tiempo de percatarse de que también entre ellos había cierta pugna. Todavía estas rivalidades pudieron haberse sofocado, o purgarse en una escaramuza sin importancia, a no ser por esa espontaneidad creadora de la vida local —condición que ya hemos explicado y que tendía a multiplicar en un instante los motivos de variedad—. Así, las monarquías se encontraron con que, sin darse cuenta, habían venido a ser representativas de las divergencias entre unos y otros pueblos. Y más de un rey, investigando su árbol genealógico o tratando de establecer sus títulos, se encontró con que árbol y títulos se confundían con las selvas y las tradiciones de toda una comarca. En Inglaterra, esta transición está simbolizada en el accidente que trajo al trono a uno de los hombres más nobles de la Edad Media.

Eduardo I llegó envuelto en todos los esplendores de la época. Era cruzado, y había combatido al sarraceno. Había sido el único rival digno de Simón de Montfort en aquellas guerras de los barones, que, como hemos visto, fueron el primer vislumbre, muy vago todavía, de la doctrina en virtud de la cual Inglaterra no había de ser gobernada por sus reyes, sino por sus barones. Eduardo, como Simón de Montfort, y todavía con mayor solidez, procedió a desarrollar la gran institución medieval del Parlamento.

Ya hemos visto que éste no era más que un organismo superpuesto a las democracias parroquiales preexistentes, y que al principio sólo consistió en una Junta de representantes locales, que habían de dar su opinión sobre la materia de las contribuciones locales. De suerte que nació con el sistema de las contribuciones, y con él se desarrolló; y a través de todos los trabajos del Parlamento, apunta la teoría que había de conducirlo más tarde a la pretensión de fijar todos los impuestos por sí mismo. Con todo, en los comienzos, no fue más que el instrumento de los reyes más equitativos, y, singularmente, de Eduardo I. Sin duda que alguna vez tuvo Eduardo diferencias con sus Parlamentos, y aun pudo disgustar a la gente (lo cual nunca ha sido la misma cosa); pero, en conjunto, se portó como un verdadero monarca representativo. Y aquí se presenta a nuestra consideración un punto difícil y curioso, que, puede decirse, marca el fin de la historia comenzada por la conquista normanda. Nunca se portó Eduardo más de acuerdo con los principios de la monarquía representativa —y aun de la monarquía republicana— que cuando expulsó a los judíos. La cuestión ha sido tan mal interpretada, a tal grado se la ha confundido con esa estúpida aversión por una raza de tanto prestigio histórico y tan bien dotada como la judía, que merece párrafo aparte.

En la Edad Media, los judíos llegaron a ser tan poderosos como impopulares. Eranlos capitalistas de aquellos tiempos los que tenían dinero en banca dispuesto para los negocios. Sin duda que por eso mismo eran útiles; sin duda que por eso mismo se usaba de ellos. También es verdad que por eso mismo se abusaba de ellos. El abuso no consistía, como suelen decir las novelas, en que les sacaran los dientes u otros absurdos por el estilo. Los que han leído algo de esto, a propósito del rey Juan, ignoran, generalmente, que se trata de un relato inventado para atacar al rey Juan. El hecho es muy dudoso y, en todo caso, se da por excepcional, por lo cual más bien era considerado como contrario a la reputación del monarca. No; el abuso que de los judíos se hacía era mucho más profundo y serio a los ojos de un hombre realmente civilizado y sensible. Los judíos podían quejarse, con justicia, de que los príncipes y señores cristianos, y aun los obispos y los papas, empleaban para empresas cristianas (como las Cruzadas y las catedrales) el dinero que sólo ellos habían logrado acumular mediante aquella usura, que los mismos cristianos acusaban como no cristiana. Después, cuando sobrevinieron tiempos más malos, los cristianos entregaron al judío a la furia del pobre, a quien aquella utilísima usura había arruinado. Esta era la verdadera, injusticia, y por eso se sentían oprimidos los judíos. Por desgracia, el cristiano, casi por las mismas razones, veía en el judío un opresor. Y la acusación «mutua» de tiranía ha sido la causa de todas las revoluciones semíticas. A los ojos del pueblo, el antisemitismo no parecía una excusable falta de caridad, sino simplemente un sentimiento; le caridad. Chaucer pone la maldición del hebreo en boca de una dulce priora que lloraba cuando veía un ratón en la trampa. Y cuando Eduardo, rompiendo con la costumbre gubernamental de nutrir la riqueza de los banqueros, los expulso de sus tierras, el pueblo lo considero, más que nunca, a la vez como un caballero andante y como un padre amoroso.

 Como quiera que este asunto se juzgue, el anterior retrato de Eduardo no resulta falso. Era el tipo de monarca medieval más justo y consciente, y sólo así se entiende la naturaleza del obstáculo con que tropezó y lucho hasta morir. Como era justo, era eminentemente legal. Y recuérdese —para no equivocarnos— que muchas de las disputas de aquel tiempo eras disputas jurídicas, y que no era otra cosa el arregla de las diferencias dinásticas y feudales. En tales condiciones, Eduardo se vio un día llamado a ser árbitro entre los pretendientes rivales de la Corona escocesa, y parece haber desempeñado su cargo con honradez. Pero su preocupación legal, casi pedante, le llevo a hacer, de paso, el considerando de que el rey de Escocia estaba bajo su soberanía, sin duda ignorando el espíritu que, de paso, suscitaba en su contra. Porque este espíritu carecía entonces de nombre, y hoy le llamamos nacionalismo. Escocia se resistió. Y las aventuras de cierto caballero sublevado, Wallace de nombre, dotaron a Escocia de una de esas leyendas que valen mucho más que la historia. De cierto modo especial, también entonces los sacerdotes católicos de Escocia formaron el partido patriótico antianglicano; y así se habían de mantener aun en tiempos de la Reforma. Wallace fue derrotado y ejecutada Pero ya la llama había cundido. El rey Eduardo no vio más que una traición a la equidad feudal en el hecho de que uno de sus caballeros, llamado Bruce, se adhiriese a la nueva causa nacional. Y el viejo monarca hallo la muerte en un rapto último de furor, a la cabeza de una tropa invasora y en las fronteras mismas de Escocia. Las últimas palabras del rey expresaron su voluntad de que sus huesos fueran sepultados en el mismo frente de la batalla. Sus huesos eran de proporciones gigantescas. El epitafio de la sepultura decía así: «Aquí yace Eduardo el Gigante, martillo de los escoceses.» El epitafio era verdadero, pero, en cierto sentido, contrario a la intención aparente; es verdad que el rey fue martillo de los escoceses; pero no para romperlos, sino para forjarlos, porque puso a Escocia en el yunque y la volvió espada.

A menudo advertiremos en nuestra historia, sea por las razones que fuere, coincidencia o giro singular de los hechos, que nuestros más poderosos monarcas fueron incapaces de dejar en pos de sí un trono seguro. Lo mismo aconteció con el monarca siguiente, cuando, resucitadas las disputas de los barones, el reino del Norte, bajo la capitanía de Bruce, logro libertarse en la acción de armas de Bannockburn (1314). Por otra parte, este reinado nos aparece como un simple intermedio, y en la monarquía siguiente nos encontramos ya con la tendencia nacionalista plenamente desarrollada. Las grandes campañas francesas, en que tanta gloria alcanzó Inglaterra, se iniciaron bajo Eduardo III (1337), y por instantes fueron cobrando un sentido nacionalista.

Pero para darse cuenta de este proceso, hay qué penetrarse antes de que Eduardo III alegó, sobre el trono de Francia, la misma pretensión estrictamente legal y dinástica que Eduardo I alegara para el de Escocia. Aquí la pretensión podía ser más débil en el fondo; pero, en la forma, era tan convencional, como la otra. El rey manifestó su derecho a un reino, como un caballero podría alegar el suyo para poseer una propiedad; en apariencia, aquello no era más que un negocio entre abogados ingleses y franceses. El pretender que se haya tratado al pueblo como a un hato, de carneros que se compra y se vende, es desconocer el carácter de la historia medieval por completo, porque los carneros no tienen «Trade Unions». Las armas inglesas deben mucho de su poder a la guardia de voluntarios, y el éxito de la infantería, y particularmente de los arqueros, se debe en mucho a que estaba formada por aquel elemento popular que ya en Courtrai había desmontado a la gran caballería francesa. Pero lo esencial es que, mientras los juristas discutían los extremos de la ley sálica, los soldados, que en otro tiempo hablaban de la ley de los gremios o de la ley de la gleba, hablaban ya de la ley inglesa y la ley francesa.

Los franceses fueron los primeros en percibir una realidad algo superior a la de la propia ciudad, la hermandad del trabajo, los derechos feudales o la comunidad de la aldea. Toda la historia de esta transición está contenida en el hecho de que los franceses habían comenzado ya a llamar a su nación la Tierra Mayor.

Francia fue la primera de las naciones, y siempre ha sido la norma de las naciones, la finita de que se pueda decir que no es más que una nación. Pero, al chocar con ella, Inglaterra logró una coordinación semejante. Las victorias de Crecy y de Poitiers (1346 y 1356) fueron saludadas con un aplauso, que tal vez era ya patriótico, como lo fue el que más tarde había de festejar la victoria de Azincourt (1415). Esta no ocurrió, ciertamente, sin que antes sobrevinieran algunas revoluciones internas, de que hablaremos después; pero las guerras francesas obraron como un fenómeno continuo para impulsar el nacionalismo. También fue continua la tradición que arranca de Azincourt. Manifiéstase esta tradición en unas baladas rudas y hermosas, anteriores a los grandes isabelinos. El «Enrique V» de Shakespeare no es el Enrique V de la historia, pero es mucho más histórico. No sólo es más cuerdo y genial, sino que es una persona más importante. Porque la tradición no procede de Enrique, sino de aquel pueblo que transformaba el nombre de Enrique, «Henry», en el diminutivo familiar «Harry». En el ejercito de Azincourt no había sólo un «Harry», sino millares. Y la figura que Shakespeare modeló con los materiales legendarios de la gran victoria, es realmente la que corresponde a la visión que se tenía del inglés medieval. Verdad es que el inglés medieval no hablaba en verso, como Shakespeare, pero le hubiera gustado hacerlo. Y como no era capaz de hacerlo, cantaba; el pueblo ingles nos aparece en los documentos de la época como un pueblo esencialmente cantor. No sólo era expansivo, sino exagerado. Y quizá que no sólo para combatir le gustara tirar el arco. Esta hermosa y fantástica imaginación, que se manifiesta en las canciones burlescas y el habla vulgar de los ingleses pobres de nuestros días, estaba en la era feliz de la infancia, cuando Inglaterra comenzó a ser nación. Verdad es que el pobre de hoy, bajo el peso de los progresos económicos, ha perdido ya su alegría, conservando sólo el humorismo. Pero en el risueño abril del patriotismo, la reciente unidad del Estado apenas pesaba sobre los hombres. Y un zapatero remendón del ejército del rey Enrique, que antes de salir a la guerra pudo pensar que aquél era el día de San Crispín de los zapateros, no tenía inconveniente en cambiar el santo y gritar, con la más sincera efusión, viendo que las lanzas francesas quedaban cegadas por una tempestad de flechas: «¡San Jorge por' la alegre Inglaterra!» Las cosas humanas son de una complejidad molestísima: aquel abril del patriotismo era, al mismo tiempo, un octubre de la sociedad medieval. En el capítulo próximo trataré de hacer ver las fuerzas que, poco a poco, desintegraron la civilización. Pero, desde aquí, es fuerza Insistir en que, a raíz de las primeras victorias, comenzó a crecer más y más la ola de amargura y de estériles ambiciones, al paso que la guerra con Francia se amortecía.

Francia era, por aquel entonces, menos dichosa que Inglaterra, las traiciones de sus nobles y la debilidad de sus monarcas la habían maltratado casi tanto como las invasiones de los Insulares. Con todo, su misma desesperación y su humillación parecieron mover al Cielo y encender aquella luz, que aun el historiador más indiferente se siente tentado a considerar como un milagro.

Y acaso este aparente milagro es lo que ha hecho que el nacionalismo parezca eterno.

Podemos conjeturar, aunque aquí sería muy largo explicarlo, que la gran transformación ética del antiguo Imperio cristiano llevaba en sí algún elemento, a cuyo influjo todas las cosas grandes, que poco a poco habían de nacer, recibían el bautismo de una promesa o, al menos, de una esperanza de perennidad. Parece que aun las ideas contuvieran entonces una preocupación íntima de inmortalidad; así, el matrimonio, de contrato, se convertía en sacramento. Sea lo que fuere, el hecho es que, aun en las cosas más seculares de nuestro tiempo, toda relación al territorio nativo conserva un carácter más sacramental que contractual. No nos cuesta. nada confesar que las banderas son trapos viejos y las fronteras simples ficciones; pero los mismos que se han pasado la mitad de su vida diciendo esto, se dejan matar a estas horas por un trapo viejo y se dejan hacer añicos por una ficción. Al sonar, en 1914, el clarín de la guerra, la Humanidad, antes de darse cuenta de lo que hacía, se agrupó por naciones. Si vuelve a sonar el clarín de aquí a mil años, no hay el menor indicio lógico para suponer que la Humanidad no vuelva a hacer exactamente lo mismo. Pero aun cuando este estado de cosas no estuviere destinado a durar, lo sentimos como si fuera eterno. No es fácil definir la lealtad, pero mucho nos acercamos diciendo que la lealtad es la energía que opera en las obligaciones que se consideran como ilimitadas. Y el mínimum de deber y decencia que se exige del patriota es un máximum de lo que se pide aun en la concepción más extraordinaria del matrimonio. El patriotismo no es la simple ciudadanía. El patriotismo quiere lo mejor y lo peor, al rico y al pobre, en salud o en quebrantos, a las verdes y a las maduras, ora en medio de la prosperidad y gloria, ora en la desgracia y decadencia de la nación; no consiste en viajar como pasajero en la nave del Estado, no, sino en hundirse con ella, si llega el caso. Inútil repetir aquí la historia de aquel terremoto en que, sobre la confusión y la humillación de las coronas, un destello que baja del cielo a la tierra deja ver la imperiosa figura de una mujer del pueblo. Aquella mujer, en su soledad palpitante, era toda una Revolución francesa. Era la prueba de que el verdadero poder no estaba en los monarcas franceses ni en los caballeros franceses, sino en los mismos franceses. Pero que aquella mujer haya podido percibir algo superior a ella, que no era el cielo; el que haya vivido como una santa y perecido como una mártir, sellaron con sello sagrado el sentimiento naciente de la nacionalidad. Y el hecho de que combatiera por una nación derrotada, y que, aunque tuvo victorias, quedó derrotada en definitiva, hace apreciar mejor ese misterioso elemento de devoción que, aun entre los peores pesimismos, caracteriza al amor patrio.

Aquí sólo nos importa considerar el efecto que produjo su sacrificio sobre la fantasía y la realidad de la vida inglesa.

Yo nunca he estimado patriótico el tributar a mi tierra cumplimientos más o menos convencionales; pero no entiende a Inglaterra el que no entienda que aquella triste aventura —donde tan indiscutiblemente íbamos errados— está íntimamente relacionada con una singular cualidad, en que remos alcanzado raros aciertos. Nadie podrá decir, comparándonos con otras naciones, que hayamos fracasado precisamente en la edificación de los sepulcros para los profetas que hemos lapidado o que nos han lapidado a nosotros. La tradición inglesa es muy amplia, y acaba siempre por adorar no sólo a los grandes extranjeros, sino también a los grandes enemigos. Al lado de sus injusticias suele así manifestar generosidades ilógicas. Es capaz de desdeñar, por simple ignorancia, a un noble pueblo, y de venerar como a un semidiós a una personalidad eminente. Aun en estas páginas podréis encontrar más de un ejemplo: porque de Wallace, verbigracia, hacemos en nuestros libros un hombre mejor de lo que fue, así como atribuimos después a Washington una causa mejor que la que en efecto mantuvo. Thackeray se burlaba del retrato que de Wallace hace Miss Jane Porter, cuando le representa camino de la guerra y llorando a lágrima viva, en un pañuelo de batista; pero en esto, Miss Porter era completamente inglesa, y no por eso menos exacta. Porque tal idealización era, en todo caso, más verdadera que la noción que Thackeray tenía de la Edad Media, según la cual los medievales eran un hatajo de hipócritas y cerdos armados. Eduardo, que pasa por tirano, era capaz de la compasión hasta las lágrimas; y es más que probable que Wallace, con o sin pañuelo de batista, haya llorado alguna vez. Ade-más, la novela de Miss Porter tiene un sentido real: la realidad del nacionalismo. Y ella entendió mejor a los patriotas escoceses de antaño que su censor a los patriotas irlandeses que tenía delante. Porque su censor, Thackeray, fue un gran hombre; pero en esta materia fue tan pequeño, que casi resulta invisible. Y el caso de Wallace o de Washington, y de otros que pudiera citar, sírvenme como ejemplo de esa magnanimidad excéntrica, que, en cierta manera, puede compensar algunos de nuestros prejuicios. Muchas insensateces hemos cometido; pero, al menos, hemos hecho una buena cosa, que es blanquear a nuestros más negros enemigos. Si esto hicimos para un audaz merodeador escocés y para un rudo propietario de esclavos de Virginia, ¿cómo habíamos de dejar de hacerlo en nuestra apreciación definitiva de la figura más blanca que aparece en la abigarrada procesión de la Historia? En este punto, hasta creo percibir en la moderna Inglaterra una verdadera ola de entusiasmo. Un gran crítico ingles ha escrito un libro sobre la heroína, sólo para censurar a un gran crítico francés que no la había elogiado bastante. Y no creo que haya un solo ingles en nuestros días que, ante la proposición de haber sido un inglés de aquel tiempo, no se apresurara a rehusar la gloria de cabalgar como conquistador coronado a la cabeza de las lanzas de Azincourt, al podía cambiarse por aquel oscuro soldado ingles de quien cuentan las hazañas que rompió su lanza e hizo con los dos fragmentos una cruz para Juana de Arco.

X
LA GUERRA DE LOS USURPADOR

EL poeta Pope, aunque amigo de Bolingbroke, el más grande de los demócratas del partido. Tory, vivía en un ambiente en que aun los Tories participaban un poco de las opiniones del bando opuesto, de los Whigs. Y nunca la opinión de los Whigs se manifestó con más gracia que en el verso epigramático de Pope: «Derecho divino de los reyes es gobernar torcido.» Ya se ve que no trato de disimular la evidente tergiversación del concepto de derecho divino, según lo entendían Filmer y otros pedantes caballeros de antaño. Estos profesaban el absurdo ideal de la «no resistencia» a cualquier Poder nacional y legítimo, aunque no creo que esto sea más servil y supersticioso que el moderno ideal de la «no resistencia» a los Poderes ilegales y extraños. Pero el siglo XVII fue una era de sectas, es decir, de puerilidades; y los filmeristas hicieron del derecho divino un antojo pueril. Muy antiguas eran sus raíces religiosas por una parte, pero también monárquicas. Y mezclado con muchas otras cosas diversas, y aun opuestas, de la Edad Media, se ramifica, al fin, en las mil direcciones que ahora vamos a considerar.

Veámoslo con el fácil epigrama de Pope, y convengamos en que, a fin de cuentas, es de una filosofía muy pobre. Porque el epigrama «Derecho divino de los reyes es gobernar torcido», aun considerado como una fisga, elude realmente la noción del derecho. Tener derecho a hacer una cosa no es lo mismo que hacerla bien. Lo que Pope dice satíricamente del derecho divino es lo que pudiéramos decir, casi casi en serio, de cualquier humano derecho. Si un hombre tiene derecho al voto, ¿acaso no tiene derecho a votar mal? Si un hombre tiene derecho a elegir mujer, ¿acaso no tiene derecho a escogerla mal?

Yo, por ejemplo, tengo derecho a expresar estas opiniones; pero vacilaría yo un poco antes de aceptar el compromiso de demostrar que sólo por eso mis opiniones han de ser necesariamente correctas.

Ahora bien: la monarquía medieval, que no era más que una parte del gobierno medieval, puede representarse aproximadamente en esta proposición el gobernante tiene derecho a gobernar en el mismo sentido en que el votante tiene derecho al voto. Puede, pues, gobernar mal; y, a menos que gobierne horrible y extraordinariamente mal, conserva su situación de derecho, así como conserva un hombre privado su derecho al matrimonio y a la locomoción, a menos que pierda la cabeza de un modo absurdo y extravagante. Verdad es que las cosas eran algo más complicadas, porque la Edad Media, al contrario de lo que por ahí se imaginan, no estaba regida por una disciplina de acero.

Aquella Edad era muy complejo y llena de contradicciones. Y aun sería fácil, estableciendo divisiones casuísticas sobre el *jus divinum* o el *primus inter pares*, el mantener que los medievales lo eran todo. Ya se ha podido mantener seriamente que eran todos germanos. Como quiera, es muy cierto que, por la influencia de la Iglesia, cuando no de los eclesiásticos eminentes, el gobierno recibía cierta consideración sacramental, que hacía del monarca algo terrible, y, por lo mismo, convertía frecuentemente al hombre en tirano. las desventajas ' de semejante despotismo son manifiestas. Pero sus ventajas hay que esforzarse por entenderlas, no por lo que valen en sí mismas, sino por lo que importas para la mejor inteligencia de nuestra historia.

La ventaja de la teoría del «derecho divino» o legitimidad inamovible, hela aquí: que pone un límite a las ambiciones del rico. *Roi ne puis*; el Poder real, fuere o no fuere un poder divino, en algo se parecía al poder de los cielos: no era venal. Los moralistas constitucionales dejan entender que el tirano y el canalla tienen los mismos vicios. Pero acaso es menos reconocida la evidente verdad de que el tirano y el canalla tienen las mismas virtudes. Y la virtud de que ambos participan especialmente es el no ser snobs: la gente rica les importa un comino. Verdad es que en otra época se consideraba la tiranía como algo celeste, casi en el sentido menos sublime y más literal Un simple particular no esperaba más llegar a ser rey que llegar a ser el viento del Oeste o el lucero del alba. Y, continuando la metáfora, convendremos en que ni el molinero más perverso podía encadenar al viento para que sólo soplara su molino, ni el humanista más pedante podía pretender que el lucero del alba le sirviera de lámpara de trabajo. Y, sin embargo, algo de esto aconteció realmente en la Inglaterra de fines de la Edad Media. Y se me ocurre que la primera señal fue la caída de Ricardo II.

Las piezas históricas de Shakespeare son, a veces, más verdaderas que históricas: son tradicionales; y, así, representan la relación entre muchas cosas que quedaron vivas en el recuerdo, mientras que muchas otras se han olvidado. Acierta al encarnar en Ricardo II la pretensión del derecho divino, y en Bolingbroke, la ambición de los barones, que acabó por trastornar el orden medieval. Pero en tiempos de Shakespeare, en tiempo de los Tudores, el concepto del derecho divino era ya muy seco y exagerado. Shakespeare no pudo recogerlo, en su aspecto más popular y nuevo, porque vino a la vida en las últimas horas de un proceso de endurecimiento característico de las postrimerías de la Edad Media. Acaso el mismo Ricardo era un príncipe caprichoso e insoportable, el eslabón flaco por donde se rompió la fuerte cadena de los Plantagenets. Tal vez sobraban razones contra el coup d'état de 1397, y tal vez su pariente Enrique de Bolingbroke tuvo gran parte de la opinión en contra cuando, en 1399, cometió la primera usurpación positiva que se registra en nuestra historia. Pero para entender en toda su amplitud una tradición, que ni Shakespeare pudo agotar, consideremos algo que aconteció durante los primeros años del reinado de Ricardo II, y que fue lo más importante de este reinado, y acaso de todos los reinados que aquí reseñamos brevemente. El pueblo inglés, los hombres que hacían las cosas con sus manos, alzaron las manos contra Sus señores, acaso por la primera vez en la Historia, y ciertamente por la postrera.

La esclavitud pagana había lentamente desaparecido, no porque pereciera de hecho, sino porque se transformó en otra cosa mejor. En cierto sentido, no murió, sino que vino a la vida durante la Edad Media. El amo de esclavos se encontró como el que, habiendo plantado unas estacas para hacer una palizada, viera que estas echaban raíces y empezaban a retoñar, trocadas en otros tantos arbolillos. Es decir, que ya las estacas valían más, aunque se podía disponer de ellas menos que antes, y, sobre todo, eran menos transportables. Y la diferencia entre la estaca y el árbol es la que va del esclavo al siervo, o, al menos, al libre campesino, en que el siervo parecía transformarse por instantes. En el mejor sentido de la gastadísima frase, aquello era una evolución social, aun por el gran pecado que llevaba implícito. Tal pecado consiste en que, siendo esencialmente ordenada y pacífica, era esencialmente ilegal o alegal. Es decir, que la emancipación de las columnas había avanzado mucho; pero no lo bastante para ser consagrada por una ley. La costumbre no estaba escrita, lo mismo que pasa con la Constitución inglesa; y, lo mismo que esta entidad evolutiva, para no llamarla evasiva, siempre estaba expuesta a que la pisotearan los ricos, así como hoy arrastran sus pesados coches sobre las actas del Parlamento. El campesino era todavía un esclavo legal, y pronto había de recordárselo uno de esos vuelcos de la fortuna que transforman las exaltaciones de una fe en el buen sentido de las Constituciones consuetudinarias, o no escritas. La guerra con Francia llegó a ser un azote, tan perjudicial para Inglaterra como lo era ya para Francia. Inglaterra quedaba despojada a causa de sus mismas victorias; en los extremos de la sociedad, el lujo y la pobreza aumentaban; y, mediante un proceso cuya exposición corresponde más bien al siguiente capítulo, el buen equilibrio del medievalismo quedó roto. Finalmente, una plaga furiosa, a la que llamaban la Muerte Negra, cundió como un huracán por la comarca, menguando a la población y arruinando por completo la obra del mundo. Hubo escasez de trabajo, enrarecimiento de comodidades; y los grandes señores hicieron lo que de ellos se podía esperar: se convirtieron en abogados y mantenedores de la letra de la ley; apelaron a unas reglas, ya del todo caducas, para reducir otra vez al siervo a la servidumbre directa de las edades bárbaras. Pero al anunciar su resolución al pueblo, el pueblo se levantó en armas.

Las dos dramáticas historias en que Wat Tyler aparece relacionado con la revolución, de un modo vago a los comienzos y de un modo cierto en las últimas fases de esta, no son, en manera alguna, desdeñables, a despecho de nuestros actuales historiadores, que pretenden prosaicamente que toda historia dramática es desdeñable. La tradición sobre la primera hazaña de Tyler es significativa, como hecho no sólo dramático, sino doméstico además. Es la venganza de un insulto hecho a la familia; y hace de la leyenda de la sublevación, a pesar de sus indecencias incidentales, algo como una protesta de la decencia. El punto es importante, porque la dignidad del pobre es cosa que hoy casi no cuenta cuando se dan casos semejantes, y cualquier gendarme, con sólo una orden impresa y unas cuantas palabras huecas, puede hoy hacer la misma cosa, sin riesgo de que le rompan la crisma. El pretexto del levantamiento y la forma que adoptó la reacción feudal, fue un impuesto de capitación. Pero esto sólo era parte de un movimiento general, para obligar a la población al trabajo servil, y así se explica el feroz lenguaje del gobierno, una vez que la revolución quedó sofocada; lenguaje en que amenazaba con empeorar más la condición de los siervos. Las circunstancias en que sobrevino el fracaso de los sublevados son menos discutibles. El populacho demostró una gran fuerza militar y gran sentido de la cooperación; se abrió paso hasta Londres, y se encontró, en las afueras, con una compañía, a cuya cabeza iban el rey y el Lord mayor de Londres, quienes se vieron obligados a aceptar un parlamento. El mayor apuñaló traicioneramente a Tyler, y aquella fue la señal de la matanza. Los campesinos se arremolinaron, gritando: «¡Han matado a nuestro capitán!» Y entonces aconteció algo inesperado; algo que nos deja ver, como en un último relámpago, al hombre sacramental coronado de la Edad Media. En aquel terrible instante, el derecho divino llegó a ser divino.

El rey era todavía un niño: su voz ha de haber sonado por sobre aquella multitud con esa aguda nota infantil. Pero de cierta entraña manera, toda la energía de sus mayores y la gran tradición cristiana de que procedía le poseyeron en un instante, y adelantando su caballo hacia el pueblo, gritó así: «Vuestro capitán soy yo», y prometió darles por sí mismo lo que solicitaban. Verdad es que más tarde quebrantó la promesa; pero los que sólo han visto en esto una prueba de la ligereza juvenil y la frivolidad del monarca, no sólo demuestran ser interpretes superficiales, sino ignorar del todo el carácter de la época.

Para entender este suceso, hay que darse cuenta de que fue el Parlamento el que incitó y aun obligó al rey a repudiar al pueblo. Porque cuando, habiendo depuesto las armas los gozosos revolucionarios, se vieron traicionados, el rey pidió al Parlamento una transacción humanitaria, y el Parlamento la rechazó iracundo. Ya aquí el Parlamento no es un cuerpo gubernamental, sino una clase gobernante. El Parlamento del siglo XIV mira ya a los campesinos como el del siglo XIX mira a los «cartistas». De modo que aquel Consejo, convocado primeramente por el rey, como se convoca un jurado y otros colegios semejantes, a fin de que la gente sencilla expusiera sus razones contra los impuestos excesivos, se había transformado ya en un centro de ambición, es decir, en una aristocracia. Y en adelante siempre habrá guerra —la hubo entonces, literalmente, cuchillo en mano— entre los Comunes, con C mayúscula, y las comunas, con minúscula. Y, a propósito de cuchillo, nótese que el matador de Tyler no sólo era un noble, sino un magistrado electivo de la oligarquía mercantil londinense, aunque no puede ser cierto que su puñal ensangrentado figure en las armas de la ciudad de Londres. Los londinenses de aquel tiempo eran muy capaces de asesinar a un hombre, pero no de grabar un objeto tan abominable junto a la cruz de su Redentor, en el lugar que ocupa efectivamente la espada de San Pablo.

El Parlamento había venido a ser —hemos dicho— una aristocracia, por ser un objeto de ambición. Tal vez el fenómeno es más sutil; pero, en todo caso, es evidente que si algún día los hombres codician el puesto de jurados, ese mismo día el Jurado dejará de ser una institución popular. Conviene tener esto presente, como contraconcepto del *jus divinum*, o autoridad fija, para entender la caída de Ricardo. Si a éste le destronó una rebelión, fue una rebelión del Parlamento, de aquel cuerpo que se había mostrado todavía más despiadado que el para con las rebeliones del pueblo. Pero esto no tiene gran importancia.

La tiene, y grande, el que, una vez depuesto Ricardo, fue ya posible subir un escalón más arriba del Parlamento. Tremenda transición que hizo también de la corona un objeto codiciable. Lo que uno puede arrebatar, otro también puede arrebatarlo; lo que la casa de Lancaster obtuvo por fuerza, también puede obtenerlo por fuerza la casa de York. El encantamiento que mantenía libre de todo peligro al rey indestronable se había disipado; y durante tres lamentables generaciones, los aventureros estuvieron luchando y cayendo a lo largo de la resbalosa escalinata sangrienta, en lo alto de la cual contemplaban un fenómeno nuevo para la imaginación medieval: un trono vacío.

La inseguridad del usurpador lancasteriano, debida al hecho de ser usurpador, es la clave de muchas cosas, algunas de las cuales declararíamos buenas, algunas malas, y todas buenas o malas, con esa excesiva facilidad con que calificamos lo que está ya tan lejos. Desde luego, obligó a la casa de Lancaster a inclinarse ante el Parlamento, embrollada situación, que ya hemos tratado de exponer. Y no cabe duda que es bueno, en cierto sentido, para la monarquía, el estar atemperada por una institución que, por lo menos, conservaba algo de su antigua claridad y libertad de palabra. Pero, por otra parte, era un mal para el Parlamento, por convertirlo en aliado de las ambiciones de la nobleza, como adelante se verá. También la inseguridad llevó a la casa lancasteriana a doblegarse ante el patriotismo, lo cual era acaso más popular; a adoptar por vez primera el inglés como lengua de la Corte, y a recomenzar la guerra de Francia, bajo las gloriosas banderas de Azincourt. La obligó asimismo a doblegarse ante la iglesia, o, mejor dicho, ante el alto clero, en el sentido menos noble de la palabra «clero». Una viciosa oscuridad va ennegreciendo los últimos años de la Edad Media, y se manifiesta en las nuevas y refinadas crueldades contra los herejes de la última siega El más ligero conocimiento de estas herejías basta para comprender que no eran síntomas de la futura Reforma. Porque no se entiende que se llame protestante a Wyclef, como no se llame así a Pelagio o a Arrio; y si John Ball fue ya un reformista, Latimer no lo era todavía. Pero si estas nuevas herejías no pueden considerarse como precedentes del protestantismo inglés, por lo menos anuncian ya el ocaso del catolicismo inglés. Cobham no encendió un cirio para la capilla de los «no conformistas», pero Arundel encendió una antorcha y pegó fuego a su propia iglesia. Aquella impopularidad que cayó sobre el antiguo sistema religioso, y que más tarde se transformó en un antagonismo nacional contra María, fue suscitada ciertamente por la energía enfermiza de los obispos del siglo XV. La persecución podrá ser filosofía, y hasta una filosofía defendible; pero en algunos obispos era una perversión.

Allende el canal, uno de ellos presidía el juicio de Juana de Arco.

Pero esta perversión, esta energía enfermiza es la que gobierna durante la época que sucedió a Ricardo II, y especialmente en aquellos feudos que se hicieron emblemas irónicos con las rosas —y con las espinas— inglesas. Las proporciones de este libro impiden entrar en el torbellino militar de las guerras de York y Lancaster, ni seguir paso a paso las espeluznantes venganzas y rescates que llenan la vida de Warwick, "el hacedor de reyes", y de la belicosa viuda de Enrique V. Verdad es que los rivales no se disputaban por fruslerías, como suele decirse con manifiestas exageraciones, ni tampoco estaban combatiendo simplemente por la Corona, como el león y el unicornio. Aun en medio de la tormentosa penumbra de los tiempos heroicos, puede advertirse, un leve matiz de moralidad. Pero una vez que se ha dicho que Lancaster luchaba, en último análisis, por una monarquía apoyada en el Parlamento y en los obispos, y York luchaba por los restos del antiguo sistema, donde el monarca no consentía intermediarios entre él y su pueblo, hemos hecho todo el comentario de interés político permanente a que puede dar lugar el cómputo de los arcos de Barnet o de las lanzas de Tewkesbury. Y el que entre los yorkistas haya aparecido cierto vago sentimiento, comparable a la orientación política de los Tories, tiene algún interés, por cuanto sirve de justificación a la última y más importante figura de la aguerrida casa de York, con cuya caída acabó la guerra de las Dos Rosas.

Para percibir la extraña gama de colores de aquel crepúsculo medieval; para entender cómo sobrevino la transformación, si no la muerte, de la antigua caballería, nada mejor que estudiar el caso de Ricardo III. Desde luego podemos decir que casi en nada se parecía a la caricatura con que, después de muerto, pretendía pintarle su sucesor, tan inferior a él en muchos sentidos. Ni siquiera era corcovado, sino que tenía un hombro algo más alto que otro, probable efecto de su furiosa bravuconería en un cerebro naturalmente sensible y débil. Pero su alma, si no su cuerpo, se nos representa como la orgullosa y altiva imagen de un caballero de los mejores tiempos. No era un ogro sanguinario: muchos de los sombres a quienes mandó ejecutar se lo tenían bien merecido; lo de la muerte de sus sobrinos, no es más que una fábula, y procede de la misma fuente que aquello otro de que nació con colmillos y el cuerpo cubierto de pelo.

Sin embargo, su memoria ros aparece envuelta en una nube rojiza, y la atmósfera de aquel tiempo está tan cargada de carnicerías, que no nos atrevemos a creerle incapaz de lo que acaso no hizo.

Pero haya sido o no un hombre bueno, fue, al parecer, un rey bueno y hasta popular.

Y, ¿por que, tal vez con razón, se nos figura que sufría mucho? Si extraordinario entusiasmo por el arte y la música es una anticipación del Renacimiento; y, sin embargo, parecía inclinarse al antiguo sentido de la religión y la piedad. Si constantemente echaba mano al puñal y a la espada, no es que sólo le gustara cortar cabezas, es que era tremendamente nervioso. Como vivió en la era de nuestros famosos retratistas, no podía faltar un bello retrato contemporáneo que nos permita percibir claramente algunos rasgos de su carácter. En el retrato, el monarca aparece tocando con una mano una sortija que lleva en la otra, y tal vez haciéndola girar, propio gesto de un temperamento inquieto, que no podía menos de arrastrarle o hacer ociosidades con el acero. En su cara se revelan todas aquellas condiciones que dieron celebridad a su nombre, convirtiéndole en algo muy distinto de cuanto le precedió y sucedió. Aquella cara es de una notable belleza intelectual; pero hay en ella algo que no podemos llamar ni bueno ni malo, y ese algo es la muerte: la muerte de una época, la muerte de una gran civilización, la muerte de todo aquello que un día resonara, bajo el sol, en lo: cánticos de San Francisco, y arrojara hacia los horizontes lejanos las naves de la primera cruzada pero que ahora, en medio de la paz, se corrompía, volviendo sus armas contra sí, matando a los propios hermanos, aniquilando toda lealtad, jugando en apuestas la corona, enfureciéndose hasta en la fe, conservando tan solo, entre los cadáveres de su virtud, como única gracia, el valor, que fue lo último) en desaparecer.

Pero, bueno o malo, hay en Ricardo de Gloucester algo que hace de él, verdaderamente, el último rey medieval, y está compendiado en aquel grito que lanzara cuando, en la última carga de Bosworth, iba derribando a sus enemigos: «¡Traición!»

Para él, como para los monarcas normandos, traición era lo mismo que deslealtad. Y en el caso, efectivamente, hubo deslealtad.

Cuando sus nobles le abandonaron antes de la batalla, el rey no vio en este acto una nueva combinación de la política, sino un pecado de sus falsos hermanos y de sus pérfidos servidores. Usando entonces de su gran voz, como de una trompeta heráldica, desafió a singular combate a su rival, al modo de los paladines de Carlomagno. Pero su rival no contesto, ni era posible. La era moderna había comenzado. El desafío resuena a través de los siglos, sin hallar respuesta, porque desde entonces ningún rey ingles ha vuelto a combatir de ese modo. El que a tantos había matado, cayó muerto, al fin, y sus ya desmedrados ejércitos quedaron deshechos. Así acabaron las guerras de los usurpadores, y el último y menos justificado de todos, un vagabundo de las marcas galesas, un caballero venido quien sabe de dónde, recogió la corona inglesa, que había caído bajo una espinera.

XI
LA REBELIÓN DE LOS RICOS

Sir Thomas Moro, aparte de aquellos enredos místicos en que se metió y donde cayó, al fin, preso y después muerto, debe considerarse como el héroe de la Nueva Cultura: aquella fulgurante aurora del día de la razón, que durante tanto tiempo ha hecho considerar a la Edad Media como una sombre absoluta. Por discutible que sea su actitud ante la Reforma, su actitud ante el Renacimiento es indiscutible. Era, sobre todo, un humanista, y de lo muy humano, por cierto. En muchos sentidos era un moderno, lo cual no es lo mismo que ser humano, como algunos equivocadamente suponen. Y también era humanitario. Bosquejó un ideal, o, mejor dicho, un sistema social imaginario, con algo de la ingenuidad de Mr. H. G. Wells, pero con una ironía mucho mayor que la pretendida ironía de Mr. Bernard Shaw.

No hay para qué censurar las nociones morales de su Utopía, pero sí diremos que en las cuestiones y soluciones allí propuestas radica lo que, a falta " de mejor nombre, llamaremos su modernidad. Así, su examen sobre la inmoralidad de los animales es una tesis trascendentalista, que sabe ya a teoría de la evolución, y sus burlas, algo groseras, sobre los preliminares del matrimonio, podrían ser tomadas en serio por los modernos «eugenésicos». También propone una manera de pacifismo, aunque, por cierto, de buena manera la realizan los utopianos. En suma: a la vez que era, como su amigo Erasmo, un satírico de los abusos medievales, no puede negarse que el protestantismo debe de haberle resultado muy estrecho. Pero si no era un protestante, pocos protestantes pudieran negarle el nombre de reformista. Sólo que era un innovador en cosas que interesan más a la mente moderna que la mera teología: era, en suma, lo que hoy solemos llamar un neopagano. Su amigo Colet representaba esa liberación del medievalismo, que pudiéramos llamar el paso del mal latín al buen griego. En nuestras discusiones modernas solemos considerarlos como una misma cosa, pero la enseñanza del griego era la novedad de la época, mientras que el latín siempre se había habla do popularmente, aunque fuera un latín de todos los diablos. Más justo es decir que los medievales eras bilingües y no que su latín era lengua muerta. El griego de la nueva época nunca llegó a tener tanta difusión, pero los pocos que lograron aprenderlo, sintieron que respiraban por primera vez aire libre. Este espíritu del helenismo se refleja claramente era Moro, en su universalidad y urbanidad, su equilibrio de razón y su curiosidad serena. Posible es que compartiera algunas de las extravagancias y errores de gusto, que inevitablemente tenía que traer envuelto aquel espléndido intelectualismo de reacción antimedieval. Fácil es que considerara las gárgolas góticas como adornos bárbaros, o que no le conmoviera el sonido de la trompa de la balada medieval de Chevy Chase, como le conmovía a Sydney. La riqueza del paganismo antiguo, en genio, en encantos y en heroísmo civil, acababa de revelarse a los ojos de aquellos hombres con toda su deslumbrante perfección, y es realmente disculpable que hayan cometido algunas injusticias para con las reliquias de las edades bárbaras. Ver el mundo por los ojos de Moro, es valerse de las ventanas más amplias de que entonces se disponía, es contemplar por primera vez el paisaje de Inglaterra en toda su extensión, a los reflejos de un sol naciente. A él, en efecto, le tocó ver la Inglaterra del Renacimiento, el tránsito de la Edad Media a la Era Moderna. De modo que vio muchas cosas y dijo muchas cosas, todas muy inteligentes y atractivas; pero, de paso, advirtió también algo, que es, al mismo tiempo, una espantosa quimera y un hecho real y cotidiano. El, que tan amplia y profundamente consideraba el espectáculo de su tiempo, fue quien dijo: «Los corderos se están comiendo a los hombres.) Esta singular alegoría de aquella gran época de emancipación y de luces da testimonio de un hecho que suele pasar inadvertido en los relatos de conjunto que a tal época se refieren. Un hecho que nada tiene de común con la traducción de la Biblia o el carácter de Enrique VIII o de sus mujeres, ni con los debates triangulares de Enrique, Lutero y el Papa. No eran los corderos del Papa los que se estaban comiendo a los hombres protestantes, o viceversa, no; ni tampoco Enrique, durante su breve y azaroso papado, hizo que los ganados se comieran a los mártires, como en tiempo del paganismo los leones. Lo que Moro quiere decir con aquel símbolo pintoresco, es que la agricultura extensiva estaba dejando el sitio a la ganadería extensiva. Grandes espacios de tierra, que antes estaban fraccionados y eran poseídos en común por grupos de hacendados, quedaban ahora bajo la soberanía de un pastor solitario. Esto lo ha explicado, de un modo epigramático, y precisamente a la manera de Moro, Mr. J. Stephen en un notable ensayo, que creo solo puede encontrarse en las columnas de The New Witness. Allí, Mr. Stephen declara paradójicamente que el que en vez de una hace crecer dos espigas, no merece la admiración que de ordinario se le tributa, sino el tratamiento de asesino. Y traza los orígenes morales de ese movimiento, que condujo a la multiplicación de las espigas, y, por aquí, al asesinato, o al menos, a la destrucción de tantos hombres. Según él —y así hay que aceptarlo, si se quiere explicar el origen del fenómeno con toda veracidad—, dicho fenómeno procede de un refinamiento creciente, y en cierto sentido muy racional, de la clase directora. En comparación al nuevo estado, el antiguo señor resulta grosero, y no es más que un gran hacendado en vida y costumbres. Bebía vino cuando era posible, pero entre tanto no tenía inconveniente en beber cerveza barata, como el pueblo. Y la ciencia no le había suavizado aún las carreteras con asfalto. Todavía, en tiempos posteriores a estos, cierta gran dama le escribía a su marido que no podía ir a reunírsele porque los caballos del coche estaban tirando del arado. En plena Edad Media, los más grandes eran casi los que hacían la vida más ruda, pero en tiempos de Enrique VIII comienza la transformación. Ya en la generación siguiente se ha popularizado una frase que es sintomática del fenómeno y de los planes ambiciosos de adquisición territorial. De tales o cuales señores se dice que están «italianizados». Y con esto se alude a una belleza más cuidada en las cosas de uso diario, a los cristales delicados y claros, al oro y la plata, no tratados ya a la manera de piedras bárbaras, sino modelados en forma de tallos y guirnaldas metálicas; a los espejos, los naipes, los brinquiños y alhajas de arte; en suma, a la perfección en las bagatelas. Ya no se trataba aquí, como entre los artífices populares del gótico, de aquel toquecillo artístico, casi inconsciente, que se daba a los objetos de uso necesario, sino que era un desbordamiento del alma en un arte conmovedor y consciente, aplicado, sobre todo, a objetos innecesarios. El lujo nació a la vida en cuanto se le dotó de alma. Y conviene tener presente esta verdadera sed de belleza que se apoderó de los hombres, porque es una explicación, y también una disculpa, de muchas cosas.

La clase de los viejos barones había salido muy mermada de las guerras civiles, que acabaron con la batalla de Bosworth, y quedó muy debilitada con la artera política de Enrique VII, aquel rey que fue tan poco regio. El mismo era ya un hombre a la moderna; pronto vemos que sus barones dejan el sitio a una nobleza de hombres modernos. Y aun las viejas familias se pliegan a las nuevas orientaciones. Algunos,

—los Howards, por ejemplo—, a la vez figuran como familia vieja y familia nueva. El espíritu de las clases superiores se va renovando visiblemente. La aristocracia inglesa, que es la principal creación de la Reforma, merece, sin duda, cierto aprecio, y casi todos están ya conformes en que merece mucho aprecio; fue siempre una clase progresista. Se acusa a los aristócratas de enorgullecerse de sus antecesores; pero de los aristócratas ingleses de entonces sería más justo decir que se han orgullecido de sus descendientes. Para sus descendientes alzaron robustos edificios y hacinaron riquezas; para ellos procuraron ganar un puesto cada vez más alto en el gobierno; para ellos, sobre todo, acogieron toda nueva ciencia o todo nuevo plan de filosofía social. Se apoderaron de los beneficios de la ganadería y pasturajes; pero, de paso, desecaron todos los pantanos. Rechazaron a los sacerdotes, pero escucharon a los filósofos. Durante el reinado de la nueva casa de los Tudores se va formando una civilización nueva y más racional que la otra. Los humanistas discuten la autenticidad de los textos, los escépticos desacreditan, no solo a los santos cristianos, sino también a los filósofos paganos; los especialistas examinan e interpretan las tradiciones..., y los carneros devoran a los hombres.

Ya hemos visto que en el siglo XIV hubo en Inglaterra una revolución de los pobres.

Estuvo a punto de triunfar, y no puedo disimular mi convicción de que eso hubiera sido lo mejor para nosotros. Si Ricardo II hubiera saltado sobre el corcel de Wat Tyler, o, mejor dicho, si un Parlamento no le hubiera desmontado después; si hubiera logrado confirmar la libertad de los campesinos con alguna fórmula de autoridad real, como era ya habitual que confirmara con una carta real la constitución de las «Trade Unions", seguramente entonces la historia de nuestro país sería un espectáculo de felicidad tan completa como cabe en lo humano. Entonces el Renacimiento habría llegado a ser, en su hora, un sistema de educación popular, y no la cultura de un Club de estéticos. La nueva ciencia habría sido tan democrática como la antigua en los lejanos días del Oxford y el París medievales. El arte exquisito de la escuela de Cellini no habría sido más que el grado superior en la escala de los oficios de un gremio. El drama shakespiriano hubiera sido representado por obreros sobre tablados erigidos en mitad de la calle, como Punch y Judy, la más bella realización de los «milagros» medievales, que corría a cargo de un gremio. Los actores no hubieran sido entonces «los criados del rey», sino los amos de sí propios. El gran Renacimiento habría sido liberal, y la educación, liberal. Si todo esto es un sueño, por lo menos era una probabilidad irrefutable en determinado momento. La revolución medieval tuvo comienzos muy afortunados para que alguien pudiera prever su fin desastroso. Pero el Parlamento medieval prevaleció, y otra vez hundió a los campesinos en aquella situación embarazosa y equívoca. Decir más sería exagerar y anticipar acontecimientos. Cuando Enrique VIII vino al trono, ya los gremios estaban algo oprimidos, aunque, en apariencia, nada había cambiado, y aun puede admitirse que los campesinos todavía pudieron recobrar su terreno. Muchos de ellos eran aún siervos en la teoría, pero vivían bajo el cómodo señorío de los abades.

Es decir, que el sistema medieval aún se conservaba. Y creo que hubiera podido seguirse desarrollando, cuando he aquí que hechos inesperados sobrevinieron y lo trastornaron todo. El fracaso de la revolución de los pobres dio lugar a una contrarrevolución: la revolución de los ricos; y ésta sí tuvo éxito.

El eje de tal revolución era un conjunto de hechos de carácter político y hasta personal, que pueden reducirse a dos: los matrimonios de Enrique VIII y la cuestión de los monasterios. Los matrimonios de Enrique

VIII han sido por mucho tiempo, y hasta el cansancio, motivo de burla popular; y en toda burla popular, y más si ha llegado hasta el cansancio, hay una verdad de tradición. Porque una cosa burlesca no puede durar hasta el cansancio si no contiene un elemento de seriedad. Enrique fue muy popular durante sus primeros años, y los extranjeros contemporáneos nos han dejado gloriosos retratos del joven príncipe del Renacimiento, radiante en su maestría de todas las nuevas disciplinas renacentistas. Pero ya en sus últimos días, el rey parece casi un maniático, ya no inspira amor ciertamente, y el miedo que infunde no es el que infunde el perro guardián, sino el perro rabioso. Y no hay duda que en este cambio influyó por mucho la incongruencia, más aún: la ignominia de sus bodas a lo Barba Azul. Pero es justo reconocer que, acaso con excepción de la primera y la última, fue casi tan desdichado con sus mujeres como ellas lo fueron con semejante marido. Lo que rompió la entereza de su honor fue, seguramente, su primer divorcio; asunto desagradable que, de paso, rompió también muchas otras cosas más valiosas y universales. Para entender las razones de su furia, hay que penetrarse de que el rey no se tenía por enemigo, sino por amigo del Papa; hay en esto como una sombra de la historia de Becket. El rey había defendido al Papa en el terreno de la diplomacia; y a la Iglesia en el de la controversia; y cuando se cansó de su reina y empezó a apasionarse por una de las damas de esta (Ana Bolena), se figuró que en aquella época de concesiones cínicas bien podía un amigo hacerle una concesión cínica a su amigo. Pero es propio error, causado por la desigualdad con que las manos de los hombres administran la fe cristiana, el que nunca pueda preverse en que instante la fe se manifestará precisamente en toda su pureza; y el solo hecho de que la Iglesia, en sus peores épocas, no diga o no haga tal o cual cosa ni por casualidad, es ya un hecho digno de sus épocas más gloriosas. Sea, pues, como fuere, Enrique quiso recostarse sobre los almohadones de León, y sintió que su brazo había chocado contra la dura roca de Pedro.

El Papa le negó el nuevo matrimonio, y Enrique, bajo la negra tempestad del despecho, rompió todas las antiguas relaciones que había entre su trono y el papado. Acaso no se dio cuenta clara de toda la trascendencia de su acto, y puede mantenerse que hoy tampoco nos damos cuenta. Desde luego, él no se consideró anticatólico, y por muy cómico que parezca, no podemos considerarle como antipapista, desde el instante en que él se consideraba, en cierto modo, como un Papa. De aquí data, pues, esa doctrina moderna que tanto ha de influir en la historia: la doctrina del derecho divino de los monarcas; doctrina que es preciso no confundir con la doctrina medieval semejante. Y esto embrolla mucho la continuidad de la vida católica dentro del anglicanismo, porque representa una completa novedad, y provocada precisamente por el partido más antiguo. Por desgracia, la supremacía del rey sobre la Iglesia nacional británica no era un mero caprichillo monárquico, sino que vino a ser, durante algún tiempo, un capricho de la misma Iglesia.

Pero dejando aparte puntos controvertibles, no cabe duda que la continuidad de nuestra tradición se interrumpe peligrosamente al llegar aquí, y se interrumpe en un doble sentido, a la vez humano e histórico. Enrique no sólo cortó a Inglaterra de Europa, sino, lo que es más importante, cortó a Inglaterra de Inglaterra.

Este gran divorcio echó por tierra el valimiento de Wolsey, el eficaz ministro que había tendido las escalas entre el Imperio y la monarquía francesa y creado en Europa la moderna balanza de los Poderes. Suele representársele con este dicho latino: Ego et Rex Meus; pero si su obra determina una época en nuestra historia, no es tanto porque haya pronunciado tales palabras, cuanto por haber sufrido la situación que ellas describen. Cualquier primer ministro de ahora pudiera emplear esa divisa: Ego et Rex Meus, porque ya nos hemos olvidado de que la palabra misma «ministro» quiere decir servidor. Wolsey fue el último gran servidor, y se le retiró del gobierno despidiéndole simplemente; acto propio de una monarquía que todavía era absoluta. Más tarde, en la moderna Alemania, los ingleses se asombrarían de ver que a Bismarck se le despidiera como a un mayordomo. Pero todavía hubo más; hubo algo que probó hasta dónde llegaba el nuevo poder en sus inhumanos extremos, y fue el acabar con el más noble de los humanistas de aquella edad. Tomás Moro, que a veces parece un Epicuro de los días de Augusto, murió como un santo de los días de Diocleciano. Murió con una gloriosa ironía, y su muerte nos ha revelado la parte más sagrada de su alma: su ternura y su fe en el verdadero Dios. Pero el humanismo sufrió con su muerte una monstruosa mutilación; imaginaos lo que hubiera sido un Montaigne mártir. Porque así es como hay que entenderlo; algo verdaderamente no natural invadió por aquí el naturalismo renacentista, y pareció alzar frente a él la grande alma de aquel cristiano. Señalando al sol, dijo Moro, con esa sencillez franciscana que puede amar la Naturaleza, por lo mismo que no la adora: «Voy a subir a donde está este.» Y así partió hacia su rey el sol, que por tantos turbulentos días y años había de ponerse, como quien se oculta de furor. Pero el proceso de fenómenos sociales a que el mismo Moro aparece sometido —lo hemos observado al comenzar este capítulo— se define más claramente, ya despejado de nebulosas controversias, en la segunda fase de la política de Enrique, es decir, la cuestión de los monasterios. Claro es que ella produjo también una controversia, pero una controversia que, día por día, se aclara y se aquieta. La Iglesia, en la época renacentista, había llegado a una verdadera corrupción; pero las pruebas de esto son sumamente diferentes, según que surjan de las pretensiones despóticas del trono o de los relatos del protestantismo. No hay para que citar las cartas de los obispos y otras autoridades, en que se denuncian los pecados de la vida monástica, porque son habitualmente muy violentas.

Con todo, difícilmente lo serían más que las de San Pablo a las puras y primitivas iglesias. El apóstol se dirige en ellas a aquellos primeros cristianos, que tanto han sido idealizados, y los trata como si fueran ladrones y asesinos. La explicación, para los que gustan de apurar sutilezas, podría ser simplemente que el cristianismo es una religión para hombres, y no sólo para hombres buenos. Cartas como éstas se han escrito en todo tiempo, y para volver al siglo XVI, estos documentos no prueban tanto que los abades fueran malos, cuanto que eran buenos los obispos. Aun los que creen firmemente que los monjes eran licenciosos, no se atreven a asegurar que hayan sido opresores, y así resulta verdadero el dicho de Cobbett, de que los monjes propietarios nunca impusieron rentas muy excesivas, y, por lo mismo, no pudieron incurrir en el «absentismo». Sin embargo, aun en las mejores instituciones había un punto flaco, así como en las peores cierta robustez innegable, y aquel flaco es una consecuencia del error de la época. Casi siempre la decadencia de un buen organismo se debe, en parte, a cierta división interna; los abades fueron aniquilados porque dejaron de mantenerse unidos. Y dejaron de mantenerse unidos, porque en el espíritu de la época que era a menudo el peor enemigo de la época estaba la creciente división entre el rico y el pobre, y de aquí provino también esta división entre el clero pobre y el clero rico. Y la deslealtad partió aquí, como de costumbre, de aquel servidor de Cristo encargado del talego. Tenemos un caso moderno de ataque a la libertad, aunque en un plano inferior.

Estamos habituados a ver que los políticos se dirijan a los grandes cerveceros o a los propietarios de grandes hoteles para insistir en la inutilidad de multitud de establecimientos públicos de menor categoría. Pues bien: los políticos del tiempo de los Tudores comenzaron por hacer algo semejante con los monasterios; se dirigieron a los cabezas de las grandes casas y les propusieron la extinción de las pequeñas. Los grandes señores monásticos no resistieron, o, al menos, no resistieron con bastante energía, y comenzó entonces el saqueo de las casas religiosas. Pero si los abades señores obraron por un momento como verdaderos señores, no era esto bastante a los ojos de los señores más poderosos para excusarlos de haber obrado frecuentemente como abades. Una momentánea alianza a la causa del rico no podía borrar el recuerdo de sus mil pequeñas intervenciones en pro del pobre, y pronto habían de convencerse de que la época de su fácil gobierno y su descuidada hospitalidad era cosa de ayer. Las grandes casas, ahora aisladas, fueron destruidas una a una, y el mendigo, para quien el monasterio había sido una especie de taberna sagrada, al volver a él, por la noche, lo encontraba en ruinas.

Porque ya corría por el mundo una nueva filosofía más amplia, que aún gobierna nuestra sociedad. Debido a ella, la mayor parte de las místicas virtudes de los antiguos monjes han pasado a la categoría de grandes pecados. Y el mayor pecado de todos, la caridad.

Pero el populacho, que un día se levantara bajo el rey Ricardo II, no estaba del todo desarmado; antes se educaba en la ruda disciplina del arco y de la podadera, y estaba organizado en grupos locales, según las aldeas, los gremios y los feudos. El pueblo de casi media Inglaterra volvió a alzarse un día, y libró una batalla final en defensa de la Edad Media. El alma principal de la nueva tiranía, un feo sujeto llamado Tomás Cromwell, se había singularizado como verdadero tirano, y estaba rápidamente convirtiendo todo gobierno en una espantosa pesadilla. El movimiento popular fue en parte aplacado por la fuerza; y es una característica del militarismo moderno este valerse de cínicas tropas profesionales, recién traídas de extraña tierra, y alquiladas para destruir la religión inglesa. Pero, como en el caso del levantamiento anterior, la verdadera causa de la derrota fue el fraude. Como en aquel caso, el levantamiento había progresado lo bastante para obligar al gobierno a parlamentar; y el gobierno tuvo que recurrir al sencillo expediente de tranquilizar al pueblo con promesas, y después quebrantar las promesas y quebrantar al pueblo mismo, según el procedimiento a que los modernos políticos nos han acostumbrado en caso de huelgas generales. El alzamiento recibió el nombre de «Peregrinación de gracia», y su programa se reducía prácticamente a restaurar la antigua creencia. Si, corno En el caso de la otra rebelión, imaginamos lo que hubiera sido de Inglaterra al triunfo de Tyler, suponemos ahora que esta rebelión hubiera triunfado, obtendremos esta consecuencia: el triunfo habría llevado o no habría llevado a una reforma, pero habría imposibilitado lo que hoy llamamos la Reforma.

El reinado del terror establecido por Tomás Cromwell se convirtió en una inquisición negra e intolerable. Aun los historiadores que menos simpatías muestran para con la antigua religión, convienen en que se emplearon al extirparla procedimientos horribles, que nunca, antes ni después, se emplearon en Inglaterra. Aquel era un gobierno de torturas, hecho ubicuo por el espionaje. La expoliación de los monasterios se ejecutaba especialmente, no sólo con una violencia bárbara, sino también con una minuciosidad verdaderamente mezquina. Se diría que había regresado el danés, pero convertido ahora en detective. La inconstancia del rey para con el catolicismo contribuyó, sin duda, a provocar la conspiración, y con ella nuevas brutalidades para con los protestantes; pero esta fue una reacción meramente teológica. Cromwell perdió, al fin, el favor de su indeciso monarca, y fue ejecutado; sin embargo, el terrorismo continuó cada vez más terrible, por el hecho mismo de haberse reducido a la sola cólera del rey. Y culminó en un suceso extraño, que recuerda simbólicamente la materia de que hemos tratado páginas atrás. Porque el déspota se vengó así de un rebelde, cuyo desafío pareció llegar hasta el resonando a través de tres siglos. Abandonó el santuario más popular de Inglaterra (el mismo santuario adonde Chaucer se dirigiera un día a caballo y cantando), sólo porque allí había ido el rey Enrique a arrodillarse y a hacer acto de contrición. Durante tres siglos, la Iglesia y el pueblo habían llamado santo a Becket, y Enrique VIII se atrevió a llamarle traidor. Esto pudiera considerarse como el punto más extremo de la autocracia; pero, realmente, no fue así.

Porque entonces se dejó ver más que nunca cierta extraña condición de nuestra vida histórica, de que hemos tenido ya fugitivos vislumbres: el poderoso monarca era débil; era inconmensurablemente más débil que los monarcas poderosos de la Edad Media.

Previsto o no, al fin sobrevino su fracaso. La brecha por él abierta en el dique de las antiguas doctrinas dejó entrar un golpe de ola que, puede decirse, le arrebató. En cierto sentido, desapareció antes de morir; porque en el drama que llena sus últimos días, Enrique no desempeñaba ya su propio papel. Se entenderá mejor si decimos que es inútil discutir con Froude sobre si los crímenes de Enrique quedan justificados por su anhelo de crear una fuerte monarquía nacional;

porque si tuvo tal deseo, nunca lo realizó. Los Tudores fueron, de todos nuestros, príncipes, los menos capaces de dejar tras sí un gobierno central seguro. La peor época de la monarquía sobrevino, así, sólo una o dos generaciones antes de la época en que la monarquía fue más débil. Pero unos cuantos años más tarde, al correr del tiempo, las relaciones de la corona y sus nuevos servidores habían de quedar trastornadas, al extremo de horrorizar al mundo; y el hacha, santificada por la sangre de Moro y manchada con la de Cromwell, bajo la orden de uno de los descendientes de este mismo siervo de reyes, había de esgrimirse para matar a un rey.

La marea que, irrumpiendo así por la brecha, arrastró consigo al rey como a la Iglesia, fue la revolución de los ricos, especialmente de los nuevos ricos. Valíanse éstos del nombre del rey, y no hubieran podido mantenerse sin su apoyo; pero, al cabo, resultó que habían saqueado el poder del rey, lo mismo que saquearon los monasterios. Supuesto el estado general de las cosas, asombra ver el reducidísimo número de gente acaudalada que se mantuvo en la sujeción del rey. Y la confusión fue todavía mayor por el hecho de que Eduardo VI ascendió al trono siendo todavía un niño, confusión que sólo puede apreciarse por la dificultad de trazar una línea divisoria entre los dos reinados. Al casarse con una mujer de la familia Seymour, Enrique había logrado tener un hijo y, de paso, traer al Poder al prototipo de las familias que en adelante habían de gobernar por medio de la exacción y del pillaje. Una monstruosa tragedia, la ejecución de uno de los Seymours por su propio hermano, había acontecido durante los años de impotencia del rey niño, y el Seymour triunfante figuraba ahora junto al trono, como lord protector, aunque el mismo no supiera bien decir a quien protegía, porque a su familia no por cierto. Y en todo caso puede afirmarse, sin extremo, que no hubo ya protección para las cosas humanas ante la avaricia de aquellos caníbales protectores. Disolución de los monasterios hemos dicho; pero aquello fue más bien la ruina de toda la antigua civilización. Leguleyos, lacayos, prestamistas, los más bajos entre los afortunados, saquearon el arte y la economía de la vida medieval, como ladrones que saquearon un templo. Sus nombres, cuando no los cambiaron por otros, son los nombres de los grandes duques y marqueses de nuestros días.

Pero si paseamos la mirada por nuestra historia, 4 veremos que el acto de destrucción más fundamental ocurrió cuando la gente armada de los Seymours pasó del saqueo de los monasterios al saqueo de los gremios. Las «Trade Unions» medievales se derrumbaron; la soldadesca arruinó sus edificios, y sus fondos vinieron a manos de la nueva nobleza. Y este simple incidente conserva todo su sentido, a despecho de la afirmación, verdadera en sí misma, de que ¡os gremios, como todas las demás cosas por entonces, no estaban ya en pleno apogeo. Nada hay mejor que el sentido de la proporción; podrá ser cierto que César no se sentía muy bien de salud aquella mañana de los idus de marzo; pero decir que los gremios desaparecieron por simple decadencia, sería como asegurar que César pereció tranquilamente, y debido al proceso natural de una enfermedad, al pie de la estatua de Pompeyo.

XII
ESPAÑA Y EL CISMA DE LAS NACIONES

La revolución producida por lo que llamamos el Renacimiento, y cuyo resultado fue para algunos países lo que llamamos la Reforma, causó dentro de la política interior de Inglaterra un efecto drástico muy preciso: tal fue el acabar con las instituciones del pobre.

No fue este su único efecto, pero sí el más visible. De entonces proceden todos los actuales problemas del capital y él trabajó. Hasta qué punto hayan podido contribuir a ello las teorías teológicas en boga, es materia que se presta a muchas controversias. Pero nadie podrá negar, en vista de los hechos mismos, que la misma época y circunstancia que dieron origen al cisma religioso dieron origen al actual estado de anarquía de los ricos.

Aun el protestante más extremado admitirá que él protestantismo, cuando no haya sido aquí una causa, fue un pretexto; y el más extremado católico admitirá que el protestantismo, cuando no haya sido un pecado, fue un castigo. Cierto es que este proceso no se desarrolla en toda su furia hasta fines del siglo XVIII, época en que el protestantismo se estaba transformando ya en escepticismo. Cierto es que mucho se podrá decir sobre el hecho de que el puritanismo haya sido, de todo a todo, un disfraz del paganismo, y lo que empezara por ser un apetito desordenado de cosas nuevas entre la nobleza del Renacimiento, acabara en extravagancias, como el «Club del Fuego Infernal». Como quiera, lo primero que la Reforma produjo fue la formación de una aristocracia nueva y extraordinariamente poderosa, y la desaparición acelerada por instantes de todo lo que el pueblo podía, directa o indirectamente, poseer y hacer contra los intereses de aquella aristocracia. Toda la historia posterior lo revela así. Pero examinemos la situación especial de la corona.

En realidad, el rey había venido a quedar preso entre la multitud de cortesanos que se agolparon en torno a él al ver desgajarse la puerta. En esta carrera desenfrenada hacia la riqueza, el rey se quedó atrás, y era incapaz de hacer nada solo. De lo cual hay pruebas evidentes en el reinado que vino tras el caos de Eduardo VI.

María Tudor, hija de Catalina, la reina divorciada, ha recibido popularmente un apodo nefando63. Y el prejuicio popular es mucho más digno de estudio que la sofistería erudita. Sus enemigos se engañaron mucho respecto a su verdadero carácter, pero no en cuanto al resultado de sus actos. No hay duda que, en cierto sentido limitado, era lo que se llama una buena mujer, juiciosa, consciente y algo delicada. Pero tampoco hay duda de que era una mala reina, mala para muchas cosas, y particularmente para adelantar la causa de que estaba tan enamorada. En suma, es verdad que se propuso quemar, del primero al último, a todos los enemigos del Papa, y que se las arregló para hacerlo. Su fanatismo, concentrado en crueldad, y capaz, sobre todo, de concentrarse en ciertos sitios y en corto tiempo, deja en la memoria de los hombres un recuerdo sangriento. Y éste fue el primero de la serie de los grandes accidentes históricos que contribuyeron a desviar del antiguo régimen, si no la opinión universal, al menos la verdadera opinión pública. El quemadero de los tres famosos mártires de Oxford puede simbolizar este hecho; porque si uno de ellos, por lo menos Latimer, era un reformador del tipo más humano y robusto, otro de ellos, Cranmer, se había portado tan cobardemente y con tan frívolo esnobismo en los consejos de Enrique VIII, que a su lado el mismo Tomás Cromwell parece un hombre.

Pero de lo que podemos llamar la tradición de Latimer, el protestantismo sano y legítimo, hablaremos más adelante. Por lo demás, tal vez los mártires de Oxford causaron menos compasión y dolor, en su tiempo, que el ver morir en la hoguera a tantos hombres fanáticos y oscuros, cuya misma ignorancia y cuya misma pobreza daban a su causa una apariencia de popularidad mayor de la que, en efecto, tenía. Pero estos aspectos abominables de aquel reinado todavía se destacaron más y produjeron, consciente o inconscientemente, mayor espanto al culminar en la muerte de los mártires de Oxford, que es un hecho determinante en aquella época de transición.

La diferencia entre la era anterior y la posterior está en que, ahora, aun en plena monarquía católica, ya no podía la iglesia católica recobrar sus propiedades. Todo el enigma está en que, siendo la reina María tan fanática, este acto de justicia, reclamar lo que se debía a la Iglesia, rebasa las más extremadas fronteras del fanatismo. Todo el carácter de la época está en que, siendo la reina María lo bastante exaltada para cometer errores en nombre de la Iglesia, no era lo bastante audaz para reclamar los derechos de la Iglesia. La reina se permitía arrebatar la vida a muchos hombres débiles, pero no arrebatar a algunos poderosos sus propiedades, o, mejor dicho, las de otros. Podía castigar la herejía, pero no el sacrilegio. Se encontraba en el caso de matar a los que no iban a la iglesia, y dejar impunes a los que iban a robar los ornamentos de la iglesia. ¿Qué fuerza la obligaba a esto? No ciertamente su propia actitud religiosa, que era de una sinceridad mecánica; tampoco la opinión pública, que simpatizaba, naturalmente, mucho más con las cosas humanas de la religión (cosas que ella no se preocupaba de restaurar), que no con aquellas inhumanidades de la religión en que ponía ella todo su celo. La fuerza que a tan absurdo proceder la obligaba provenía, pues, de la nueva nobleza y de la nueva riqueza, a quien los perseguidos no querían rendirse; y el éxito mismo de las persecuciones prueba que la nobleza era ya más fuerte que la corona. Se había usado del cetro como de una palanca para forzar la puerta del tesoro, y del esfuerzo, el cetro se había roto o, a lo menos, doblado. También hay un fondo de verdad en la tradición de que la reina tenía la palabra «Calais» escrita sobre el corazón, puesto que, en sus días, volvió al poder de Francia la última reliquia de nuestras conquistas medievales. María poseyó aquella solitaria y heroica semivirtud de los Tudores: era patriota. Pero muchas veces los patriotas resultan patéticamente atrasados, con respecto a su tiempo, porque el hecho mismo de preocuparse de los enemigos tradicionales no les deja reparar en los nuevos enemigos. Una generación más tarde, Cromwell ofrecerá un ejemplo del mismo error, aunque invertido, y se empeñará en mirar con ojos hostiles a España, cuando no debió haberlos apartado de Francia. Ya en nuestros días, los «jingoes» o patrioteros de Fashoda amenazaron a Francia, en vez de cuidarse de Alemania. Sin la menor intención antipatriótica, la reina María adoptaba, al fin, una posición del todo antipatriótica con respecto al más grave problema internacional de su pueblo. He aquí un segundo síntoma de la transformación que trajo consigo el siglo XVI: me refiero al problema de España.

 Hija de una reina española, se desposó con un príncipe español, y no vio, sin duda, en esta alianza más de lo que su padre viera. Pero para la época en que la sucedió su hermana Isabel —mucho más ajena a la antigua religión, aunque escasamente afecta a la nueva—, y cuando fracaso el proyecto de otro matrimonio español para la misma Isabel, ya había madurado un nuevo elemento histórico, más amplio y más poderoso que los meros complots entre príncipes. Los ingleses, metidos en su isla, como en un bote aislado en el mar, habían visto pasar junto a sí la sombra de una alta embarcación.

Las ideas hechas que corren a propósito del origen del imperio británico, y los grandes días de la reina Isabel, no solo embrollan la verdad, sino que parecen contradecirla. Según lo que se acostumbra a decir sobre esta época, Inglaterra se dio cuenta por primera vez de su grandeza, desperezándose con cierto ademán imperial. Y la verdad es que entonces comprendió Inglaterra su pequeñez. El gran poeta de aquellos grandes días no los considera grandes, sino pequeños como alhajas. La idea de la expansión universal no se descubre por completo hasta el siglo XVIII; y aun entonces aparece mucho menos vívida y eficaz que las concepciones directrices del siglo XVI. En este siglo no es el imperialismo lo que se revela a los ingleses, sino el antiimperialismo.

Inglaterra, en los comienzos de su historia moderna, comprende que, para la humana imaginación, la suerte de una pequeña nacionalidad será siempre una cosa heroica. Lo que sucedió con la armada, fue para Inglaterra lo que Bannockburn para los escoceses o Majuba para los bóers: un triunfo que asombra al triunfador. La fuerza contra la que combatían era precisamente el imperialismo en su pleno y colosal sentido, cosa inconcebible desde los días de Roma. El enemigo representaba, sin exagerar, la civilización misma. La grandeza de España vino a ser la gloria de Inglaterra. Y solo se puede apreciar la audacia de su desafío o la fortuna de su aventura penetrándose de que los ingleses eran, ante la España de aquel tiempo, tan oscuros, tan rudimentarios, tan pequeños como bóers.

Sólo se puede entender la trascendencia de aquel suceso, considerando que, para la mayor parte de Europa, la causa de la Invencible representaba casi un punto de vista cosmopolita y común como una cruzada. El Papa había declarado que Isabel era una reina ilegítima, y lógicamente no hubiera podido hacer otra cosa tras de haber invalidado el matrimonio de su madre; pero la verdadera cuestión era otra, y acaso se trataba de arrancar a Inglaterra, con un golpe definitivo, de toda comunión con el mundo adulto. Mientras tanto, aquellos pintorescos corsarios ingleses, que fueron la plaga del Imperio español en el Nuevo Mundo, eran tratados de simples piratas en el Sur, y, técnicamente, así era lo justo. Solo que hay derecho a juzgar retrospectivamente, con cierta generosa debilidad, los asaltos técnicos que vienen de parte del más débil. Porque en aquella época, como para objetivar de un modo imborrable el contraste, España, o, mejor dicho, el Imperio, con España por centro, desarrollo todo su esfuerzo y pareció cubrir el mar con una flota como la legendaria de Jerjes. Echóse sobre la isla condenada con el peso y la solemnidad de un Juicio Final; marinos y piratas chocaban contra la inmensa flota, en unos barcos diminutos que zozobraban bajo los inmensos cañones e intentaban combatir a bordo de verdaderos escombros incendiados; pero, a última hora, pareció alzarse una tormenta en el mar, barriendo las cercanías de la isla, y la gigantesca flota desapareció. Lo absoluto de aquel triunfo, el silencio abrupto en que el a prodigio enemigo pareció sucumbir, hirieron una cuerda que, desde entonces, no ha cesado ya de vibrar. La esperanza de Inglaterra data de aquella hora desesperada, porque no hay verdadera esperanza que no haya comenzado por ser una esperanza desesperada.

El desarraigo de la inmensa red naval vino a ser un signo de que. aquella pequeña cosa que se había salvado sobreviviría a la mayor. Con todo, nunca, en cierto sentido, habíamos de ser otra vez tan pequeños ni tan grandes.

Porque el esplendor de la era isabelina, que suele compararse a una aurora, fue más bien un crepúsculo.

Sea que la miremos como el fin del Renacimiento o como el fin de la vieja civilización medieval, aun el crítico más cándido ha de convenir en que aquél es el final de una era gloriosa. Pregúntese el lector que es lo que más le deslumbra entre las magnificencias isabelinas, y verá cómo son los vestigios medievales, de que ya no queda ni sombra en los tiempos posteriores. El drama isabelino, por ejemplo, es una de las tragedias reales de la época misma: pronto los puritanos habían de pisotear su antorcha tempestuosa. Inútil decir que la principal tragedia de la época fue la prohibición de la comedia; porque la comedia, que reapareció en Inglaterra después de la Restauración, era comparativamente fría y extranjera. En los mejores casos, sólo es comedia porque es humorística; pero no en el sentido de representar la felicidad y la alegría. Nótese que, en las historias de amor de Shakespeare, los personajes de buen agüero y los que dan las buenas noticias pertenecen casi a un mundo que va a desaparecer, ora sean frailes, ora hadas. Y otro tanto acontece con los ideales isabelinos. La devoción nacional a la Reina Virgen en nada padece porque la: Isabel histórica haya tenido un carácter duro y astuto. Los críticos podrán decir, con razón, que, al sustituir a la Virgen María por la Reina Virgen, los reformistas cambiaron una virgen verdadera por otra falsa. Pero esto no quita que el culto popular haya sido verdadero, aunque restringido. Piénsese lo que se quiera de esta Reina Virgen determinada, lo cierto es que las heroínas trágicas de la época son una verdadera legión de reinas vírgenes. Y no cabe duda que los medievales hubieran entendido mucho mejor que los modernos el martirio de Medida por medida. Y lo que se dice del título de virgen, también del de reina. La monarquía mística, glorificada en el Ricardo II, pronto había de ser depuesta en la realidad, y de un modo mucho más ruinoso que en el Ricardo II.

Los mismos puritanos que arrancaron las coronas de cartón a los actores del teatro habían de arrancar las coronas a los verdaderos monarcas. Toda pantomima quedaba prohibida, y toda monarquía pasaba a la categoría de una pantomima. Shakespeare murió el día de San Jorge, y con el murió mucho de lo que San Jorge representa. No quiero decir que haya muerto el patriotismo, porque el patriotismo, al contrario, se ha de levantar, inflexible, para ser el orgullo de las generaciones venideras.

Pero hay más que patriotismo en la imagen de San Jorge, bajo cuyo amparo puso Corazón de León a Inglaterra en los desiertos de Palestina. La idea del santo patrón traía consigo, desde el fondo de la Edad Media, un elemento único e insustituible: la variación sin antagonismo. Los Siete Campeones del Cristianismo se multiplicaron setenta veces en otros tantos patronos de las ciudades, los comercios y los tipos sociales; pero la sola idea de que todos eran santos, excluía toda posible rivalidad en el hecho de ser todos patronos. El gremio de los zapateros y el gremio de los peleteros, bajo las respectivas enseñas de San Crispín y San Bartolomé, podían venir a las manos al encontrarse un día en la calle; pero no podían imaginar siquiera que San Crispín y San Bartolomé estaban a esa misma hora dándose puñetazos en el cielo. De igual modo, en el campo de batalla, los ingleses podían invocar a San Jorge, y los franceses a San Dionisio; pero no creían realmente que San Jorge le tuviera particular inquina a San Dionisio' ni a los que le invocaban. Juana de Arco, que, en punto a patriotismo, era lo que muchos contemporáneos llamarían una fanática, era también, en esto de los santos patronos, lo que muchos contemporáneos llamarían una mujer ilustrada. Ahora bien: es innegable que el cisma religioso trajo consigo una división mucho más profunda e inhumana. Ya no se trataba de una cuita entre devotos de dos santos que se mantenían en paz entre sí, sino de una guerra entre los creyentes de divinidades enemigas. El que a los barcos españoles se les llamara el San Francisco o el San Felipe, cosa que nada significaba al principio, pronto vino a ser para la nueva Inglaterra una causa tan trascendental de conflicto, como el que se les llamara el Baal o el Thor. Claro que esto era meramente simbólico, pero simbólico de un estado de cosas muy real y muy serio. Por aquí entró en las guerras religiosas esa noción que la ciencia moderna aplica a las guerras de razas: la noción de las guerras naturales, no producidas por una disputa determinada, sino por la naturaleza misma de los pueblos en lucha. Así pasó por nuestro sendero la sombra del fatalismo étnico, y a los lejos, muy en la sombra, hubo un estremecimiento misterioso, de que ya los hombres no se acuerdan.

Más allá de las fronteras del decadente Imperio se extendía aquella extraña tierra, tan vaga y tare movediza como el mar, donde las guerras barbáricas se habían desarrollado en un largo hervor. Casi toda era ya cristiana por la forma, pero apenas civilizada. Un pálido reflejo de la cultura del Sur y del Oeste tendía sobre la comarca salvaje un leve manto como de hielo. Por mucho tiempo esta región, a medio civilizar, había vivido en soñolencia, pero ahora comenzaba a soñar. Una generación antes de Isabel, cierto grande hombre que, a pesar de su violencia, era fundamentalmente un soñador —Martín Lutero—, había lanzado desde su sueño unos alaridos como truenos, en parte para delatar las malas costumbres, y en parte también para atacar las buenas obras del cristianismo. Una generación después de Isabel, el desarrollo de las nuevas doctrinas por toda aquella tierra salvaje, había hundido ya a la Europa central en una cíclica guerra de los credos. La casa que estaba por la leyenda del Santo Imperio Romano, la de Austria, la aliada germánica de

España, combatió por la antigua religión contra la liga germánica, que combatía por la religión nueva. En la Europa continental la situación era verdaderamente complicada, y lo fue más a medida que se disipaba el sueño de restaurar la unidad religiosa. La firme determinación de Francia —el constituirse nacionalmente en el sentido moderno de la palabra—, era otra dificultad más. Francia quería independizarse de toda combinación y redondear sus fronteras, y esto la llevó —aunque odiaba a sus protestantes—, a dar cierto apoyo diplomático a muchos protestantes extranjeros, simplemente para conservar la balanza del Poder contra la gigantesca confederación de los españoles y los austríacos.

Nueva dificultad era el reciente levantamiento de un poder calvinista y comercial en los Países Bajos; un poder desconfiado y razonador que se defendía valientemente de España. En conjunto, puede decirse que la guerra de Treinta Años fue el alumbramiento de todos los problemas internacionales modernos, ora se la tome como una revolución de los semigentiles contra el Sacro Imperio Romano, ora como el advenimiento de una nueva ciencia, una nueva filosofía y una nueva ética del Norte. Suecia intervino, y mandó en auxilio de la nueva Germania a un héroe militar. Pero el heroísmo militar de entonces ofrece una extraña mezcla de estrategia, cada vez más compleja. y de crueldad, cada vez más propia de caníbales. Dentro de la matanza general, no fue Suecia el único poder europeo que halló su camino. Hacia e Noroeste, en tierra estéril y pantanosa, había une pequeña y ambiciosa familia de prestamistas, que se habían hecho caballeros; una familia cauta, frugal muy egoísta, que aceptó sin gran arrebato las teorías de Lutero, y empezó a prestar al protestantismo sus criados y sus soldados casi salvajes. El protestantismo les pagó bien, concediéndoles sucesivas promociones, cada vez más altas. Pero en aquel tiempo su único principado lo formaban las marcas de Brande.

Tal era la familia de los Hohenzollern.

XIII
LA ERA DE LOS PURITANOS

Qué aburrido seria leer el relato de una aventura emocionante donde, sistemáticamente, en vez de los nombres verdaderos de las personas y las cosas, se pusieran voces sin sentido, como trique y traque. Figuraos, por ejemplo, que nos contaran de un rey que estaba en el trance de convertirse en un trique, u obligado finalmente a hacer entrega del traque, o que la pública exhibición de un traque habla provocado un furioso motín, porque se vio en ella una grosera manifestación del trique. Pues algo parecido acontece cuando se intenta, hoy por hoy, contar la historia de las luchas teológicas durante los siglos XVI y XVII, haciendo concesiones al disgusto absoluto por la teología, característico de la generación actual, o, más bien dicho, de la inmediata anterior. Los puritanos, como su nombre lo indica, eran, ante todo, unos entusiastas de lo que consideraban la religión pura. A veces, se empeñaban en imponerla a los demás, y a veces se conformaban con practicarla ellos libremente. Pero no haríamos justicia a sus mejores cualidades y a sus ideales fundamentales si no nos preguntáramos, ni por casualidad, qué era precisamente aquello que unas veces se conformaban con practicar y otras pretendían imponer. Así es como los modernos admiradores dei puritanismo ignoran muchas cosas entre las más admirables de los puritanos. A menudo se les elogia por lo que les era indiferente y aun abominable en grado sumo, como la libertad religiosa. Y, en cambio, se les entiende muy mal y aun se les hace injusticia en su preocupación lógica por lo que realmente les interesaba, como el calvinismo. Se hace de ellos un objeto pintoresco, y esto mediante procedimientos que ellos hubieran rechazado enérgicamente, en novelas y dramas que ellos hubieran quemado en la plaza pública. Todo en ellos nos interesa, menos lo único que a ellos les interesaba realmente.

Ya hemos visto antes como las nuevas doctrinas comenzaron en Inglaterra por ser una simple excusa para el pillaje plutocrático, y, sobre esto, no hay más que decir. Pero conviene añadir algo, al referirse a las generaciones más recientes, para quienes ya la victoria sobre la Armada era una leyenda alusiva a la liberación de la antigua esclavitud papal; leyenda tan milagrosa y casi tan remota como las liberaciones descritas con tan realista estilo en los Libros Hebreos, que ahora les eran ya accesibles. La inmensa catástrofe española les parecía muy semejante a lo que encontraban en las páginas no cristianas de la Escritura; podía suscitar en ellos cierta vaga idea de que, como en el Antiguo Testamento, la elección de Inglaterra había sido presagiada por los tempestuosos oráculos del agua y del mar; idea que fácilmente se transformaría en ese herético orgullo de tribu de que los alemanes son el ejemplo más saliente. Así es como los Estados civilizados se transforman de nación cristiana en pueblo escogido. Pero aun cuando su nacionalismo llegue a ser peligroso para el concierto de las naciones, no deja de ser nacionalismo.

Los puritanos, del primero al último, eran patriotas, notable superioridad sobre los hugonotes franceses. Cierto es que, políticamente, no eran al principio más que un ala de la nueva clase pudiente, que, tras de despojar a la Iglesia, despojarían a la corona; pero, aun cuando fueran criaturas de aquel gran movimiento de expoliación, puede decirse que la mayoría lo era sin saberlo. En la aristocracia estaban muy bien representados; pero muchos pertenecían a la clase media; entiéndase, a la clase media de las ciudades. La población agrícola, pobre, que aún era mayoría, se conformaba con burlarse de ellos o detestarlos. Y nótese que, siendo elementos directores en las altas esferas de la nación, eran incapaces de producir cosa alguna que tuviera el carácter de lo que con cierta afectación llamamos folklore. Todas las tradiciones populares de la época, en canciones, brindis, rimas o refranes, son de origen monárquico.

De los puritanos no nos quedan muchas tradiciones orales: para seguirlos, tenemos que habérnoslas con la literatura culta.

Esto no es nuevo, y muchos lo habrán observado ya; tampoco es lo más importante, y, desde luego, no es lo que ellos pensaban de sí mismos. El alma del movimiento puritano está toda en dos concepciones, o, mejor dicho, en dos etapas: la primera es el proceso moral, que permite al puritano llegar a cierta conclusión; y la segunda, la conclusión misma a que llegaba. Comencemos por el principio, tanto más cuanto que esa primera etapa es la que se manifestaba en aquella actitud social y externa que más impresionaba a los contemporáneos. El honrado puritano que alcanzaba la juventud en medio de aquel mundo arrasado por el pillaje de los grandes, se sentía dominado por un principio de conducta, que es uno de los tres o cuatro grandes principios orientadores del hombre. Tal era el principio de que nuestra mente puede comunicarse sola y directamente con la mente de Dios. Podemos decir que éste es el principio antisacramental; pero, en verdad, se aplica, y, en efecto, así lo aplicaba el puritanismo a muchas otras cosas, además de los sacramentos de la Iglesia. Se aplica igualmente, y así era aplicado, al arte, a las letras, al amor de la localidad, a la música y aun a las buenas maneras. La frase «entre el hombre y su Creador no debe mediar ningún sacerdote» no es más que un despojo raquítico de toda una doctrina filosófica. El verdadero puritano consideraba igualmente que ningún cantor, cuentista o violinista debía intentar un traslado de la voz de Dios en el lenguaje de la belleza terrestre. Y, como se ve, el único puritano genial de nuestro tiempo, Tolstoi, acepta plenamente esta conclusión, declara que la música es una nonada, y prohíbe a sus propios admiradores la lectura de sus admirables novelas. Por lo demás, los puritanos ingleses no sólo eran puritanos, sino también ingleses; y, en consecuencia, no siempre brillaban por su claridad mental. El verdadero puritanismo fue más bien escocés que no inglés; pero inglés era su poder director. En cuanto a la doctrina del puritanismo, aunque algo extraviada, es defendible: la verdad intelectual es el único tributo digno de la más alta verdad del universo. Y la segunda etapa de este estudio consiste en averiguar cuál era la verdad, respecto a esta verdad del universo, según la opinión de los puritanos. Su razón individual, desvinculada de la tradición como del instinto, les proporcionaba un concepto de la omnipotencia de Dios, que no significaba más que la impotencia del hombre. Con Lutero —la forma primitiva y más atenuada del proceso protestante—, sólo se arriesgaban a decir que ningún acto del hombre podría aprovecharle, excepto su confesión de Cristo. Con Calvino dieron un paso más, y aseguraron que ni aun esto podía aprovecharle, dado que la Omnipotencia había dispuesto previamente el destino del hombre; que los hombres habían sido creados para perderse y salvarse. En estos tipos, los más puros de todos, la lógica del sistema aparece en estado incandescente, y nos descubre una fórmula que debemos buscar, como entre líneas, en todo el enigma legal y parlamentario del puritanismo. Cuando leamos: «El partido puritano quería introducir ciertas reformas en la Iglesia», debemos entender: «El partido puritano quería una afirmación más plena y más clara de que los hombres fueron creados para perderse y salvarse.»

Cuando leamos: «El ejército puritano escogía a los hombres según su grado de devoción», debemos entender: «El ejército puritano escogía a aquellos hombres que parecían más convencidos de que el hombre fue creado para perderse y salvarse.» Hay que añadir que este terrible movimiento no se limitó a los países protestantes, sino que también lo siguieron algunos grandes romanistas, hasta que fue condenado por Roma. Y es que era el espíritu de la época, y así debe tenerse presente como una constante preocupación para no confundir el espíritu de la época con el espíritu inmortal del hombre. Porque pocos habrá ahora, cristianos y no cristianos, que, considerando hasta qué punto el calvinismo se apoderó casi de Cantorbery, y aun de Roma, debido al genio y heroísmo de Pascal o de Milton, dejen de exclamar como la señora en el drama de Mr. Bernard Shaw: «¡Qué espléndido! ¡Qué glorioso...! ¡Y qué suerte haber podido escapar!»

La concepción puritana del gobierno de la Iglesia era exactamente la autonómica o gobierno de sí mismo; pero, por ciertas razones particulares, se transformó en un gobierno egoísta. Era equitativa, y, sin embargo, era exclusiva. En lo interior, el sínodo o conventículo tendía a ser una pequeña república; pero, por desgracia, una república excesivamente pequeña. En relación con la vida de la calle, el conventículo resultaba, pues, más que una república, una aristocracia. Y era, además, la más abominable de todas las aristocracias: la del «elegido». Porque no se poseía en virtud del derecho de nacimiento, sino de un derecho anterior al nacimiento, y era, así, la única entre las noblezas que ni la muerte podía igualar. De suerte que, por una parte, tenemos en los puritanos más sencillos un ejemplo de verdaderas virtudes republicanas: la actitud de reto ante el tirano, la afirmación de la dignidad humana, y —sobre todo— un llamamiento a la primera virtud republicana, que es la publicidad. Un regicida, viéndose condenado a muerte, compendió así este sentimiento, que no por afectado carece de nobleza: «¡Pero no lo he hecho a escondidas! Con todo, y a pesar de su extremado idealismo, nada hicieron para recobrar un solo rayo de luz que debiera iluminar por igual a todos los nacidos: la fraternidad de los hombres que han recibido el bautismo. Eran como aquel terrible cadalso que el regicida miraba sin pestañear: eran públicos en sus cosas, patrióticos en sus intenciones, pero no populares. Y nunca parece habérsele ocurrido la necesidad de ser populares. Nunca fue Inglaterra menos democrática que durante el corto tiempo que fue república.

La lucha contra los Estuardos, que es la página siguiente de nuestra historia, surgió de una alianza, que a algunos parecerá accidental, entre dos corrientes: la primera, esta interpretación intelectual del calvinismo, que se puso a la moda entre la gente culta, como en nuestros días la interpretación intelectual del colectivismo. La segunda, el hecho, mucho más antiguo, que hizo posible la producción de este credo y quizá de esta nueva sociedad ilustrada, a saber: la revolución aristocrática bajo los últimos Tudores.

Y sucedió algo que pudiera compararse con la fábula del padre y del hijo que se juntaron para echar abajo una imagen de oro, pero uno por horror de la idolatría y otro por amor al oro. La tragedia y la paradoja eterna de Inglaterra está en que, para ella, lo eterno de la pasión siempre pasa, y sólo subsiste la parte terrestre de la pasión. Pero esto, que es cierto para Inglaterra, ya lo es menos para Escocia; y de aquí la guerra angloescocesa que acabó en Worcester. El primer cambio de frente en ambos países había sido realmente un acto lleno de materialidad, un mero acto de vandalismo de los barones. El mismo John Knox, aunque ha venido a ser un héroe nacional, fue un político antinacional en extremo. El partido patriótico, en Escocia, era el del cardenal Beaton y María Estuardo. Sin embargo, el nuevo credo llegó a ser popular en las tierras bajas de Escocia, en un sentido que nuestra tierra inglesa ha ignorado completamente. En Escocia el puritanismo era lo esencial, y lo accesorio era la mezcla de la oligarquía parlamentaria y otras oligarquías. En Inglaterra, la oligarquía parlamentaria era lo principal, y lo accesorio, la mezcla de puritanismo. Cuando comienza a formarse la tempestad contra Carlos I, tras el período más o menos transitorio en que gobernó su padre —el sucesor escoces de la reina Isabel— la indiferencia entre la religión democrática y la política aristocrática aparece muy clara en el ejemplo que suele citarse. La leyenda escocesa nos habla de Jenny Gedde, la pobre mujer que le arrojó un banquillo a la cabeza al sacerdote. La leyenda inglesa nos habla de John Hampden, el gran señor que levantó contra su rey un condado. El movimiento parlamentario de Inglaterra se reduce así a un asunto entre caballeros, señores y sus recientes aliados los mercaderes. Aquellos señores podían tomarse a sí mismos como los jefes verdaderos y naturales de los ingleses, pero eran unos jefes que no consentían desorden en las filas. De modo que, en las filas en que figuraba Hampden, no se consentía ningún Hampden.

 Los Estuardos traían probablemente de Escocia una idea mucho más lógica y medieval del papel que les tocaba en el reino. La característica de aquella nación es, en efecto, la lógica. Es proverbial que el rey Jacobo I era tan pedante como escocés; pero no se ha reparado en que Carlos I tampoco era menos pedante, siendo tan escocés como el otro. También poseía las virtudes escocesas: valor, dignidad sencilla, afición a las cosas intelectuales. Lo que tenía de escocés, lo tenía de antiinglés, y nunca pudo encontrar un término medio; a veces quiere partir un cabello en dos, y lo que hace es quebrantar alguna promesa. Y, sin embargo, pudiera haber sido todavía más inconstante, con tal de haber sido más espontáneo y más confuso; pero era de los que todo lo ven en blanco y en negro, de modo que resaltan más sus contradicciones, y queda de él, sobre todo, el recuerdo de lo que vio en negro. Desde el principio trató con el Parlamento como con un enemigo declarado, y acaso como con un extranjero. El resultado de esto es harto conocido, y no tenemos aquí para que imitar al señor aquel que quería llegar al fin del capítulo para averiguar lo que pasaba con Carlos I. Su ministro, el gran Strafford, quedó vencido en el intento de hacer de él un monarca fuerte a la manera del rey de Francia, y —Richelieu fracasado— pereció en el cadalso. Como el Parlamento se fundaba en el poder del dinero, Carlos apeló al poder de la espada, y al principio no le iba mal; pero pronto la fortuna cambió, ante la riqueza de la clase parlamentaria, la disciplina del nuevo ejército y el genio y la paciencia de Cromwell. Y Carlos acabó lo mismo que había acabado su gran ministro.

Históricamente, la disputa se resolvió, a través de innúmeras ramificaciones, que han sido estudiadas con más atención de la que merecen, en la cuestión de si puede o no el rey alzar un impuesto sin la aprobación del Parlamento. Caso típico fue el Hampden, el gran magnate de Buckingham, que discutió la legalidad de un impuesto de Carlos, cuyo objeto era la construcción de un navío. Así como los mismos innovadores se ven obligados a buscar los fundamentos sagrados de alguna tradición, los caballeros puritanos apelaron a la leyenda de la Carta Magna medieval. Y acertaron tanto más con una tradición verdadera, cuanto que la concesión de Juan fue, como ya hemos visto, antidespótica, sin ser por eso democrática. Estos dos conceptos nos explican las dos fases del problema de la caída de los Estuardos, fases que, por ser muy diversas, vamos a examinar separadamente.

En cuanto a la cuestión democrática, ni el más cándido podrá vacilar, en vista de la claridad de los hechos: muy posible es que el Parlamento combatiera en nombre de la verdad, pero es insostenible que haya combatido en nombre del pueblo. Al acabar el otoño de la Edad Media, el Parlamento era activamente aristocrático y activamente antipopular. La institución que impidió a Carlos I el colectar fondos para la marina es la misma que antes impidiera a Ricardo II el dar libertad a los siervos. El grupo que reclamaba ahora carbón y minerales a Carlos I es el mismo que más tarde reclamaría las tierras comunales a las aldeas. Y eran los mismos quienes, apenas dos generaciones antes, habían colaborado solícitamente a la destrucción de cosas que, no sólo afectaban a los sentimientos populares, como los monasterios, sino que tenían una utilidad popular inmediata, como los gremios y parroquias, gobiernos locales y mercados. La obra de los grandes señores podrá haber tenido —y es dudoso— otros aspectos más patrióticos y positivos; pero, en todo caso, el Parlamento era el órgano de los grandes señores. La Casa de los Comunes era, verdaderamente, la Casa de los Lores. Consideremos ahora el otro aspecto de la campaña contra los Estuardos: el sentimiento antidespótico. He aquí una cuestión mucho más difícil de aclarar y mucho más difícil de justificar. Contra los Estuardos se han dicho las mayores insensateces, pero apenas se habrá dado la verdadera explicación de las razones que a sus enemigos asistieron. Y es que estas razones dependen de lo que más generalmente olvidamos en nuestras historias: las condiciones del continente europeo. Porque hay que tener en cuenta que, si los Estuardos fracasaron en Inglaterra, no así las causas por las que ellos combatieron en el resto de Europa. Dichas causas se reducen a lo siguiente: primero, los efectos de la contrarreforma, que hicieron aparecer el catolicismo de los Estuardos a los ojos de los protestantes sinceros, no como las ascuas últimas de la hoguera, sino como el ardiente fuego de la conflagración. Carlos II, por ejemplo, era un hombre de temperamento intelectual enérgico, escéptico y caprichosamente irritable; su convicción respecto a la filosofía del catolicismo era tan completa, que casi la profesaba a su pesar.

Por otra parte, en Francia se estaba formando una aristocracia tan tremenda como una Bastilla. Era, desde luego, más lógica y, en muchos sentidos, más igualitaria y equitativa que la oligarquía inglesa; pero en caso de rebelión o siquiera de resistencia, vino a ser una verdadera tiranía. Allí no había nada de ese aparato inglés de salvaguardias de los jurados y buenas costumbres que establece el antiguo derecho común; pero había, en cambio, la *lettre de cachet*, inapelable y mágica. El inglés que violaba una ley se encontraba mucho mejor que el francés en igualdad de circunstancias; y un satírico francés pudiera retrucarnos que el inglés se encontraba peor que el francés en caso de cumplimiento de las leyes. Era el señor el que daba normas a la vida de los demás hombres; pero el hecho de desempeñar un magisterio, más bien era un freno para su poder. Como amo de poblaciones, era más fuerte que los demás; pero como agente del rey, más débil. Al defender, pues, semejante estado de cosas, los Whigs no defendían la democracia, pero sí la libertad. Y de paso, algún resto de las libertades medievales, aunque no lo mejor: el jurado, pero no los gremios. Aun el feudalismo implicaba cierto ejercicio de libertades que venían envueltas en el sistema aristocrático. Con razón, los que aman tal situación se alarman ante el Leviatán del Estado, que para Hobbes era un monstruo, pero para Francia era un hombre.

Por desgracia, el puritanismo iba ya pasando en todo aquello en que realmente era puro. El tipo de esta transición está encarnado en aquel hombre extraordinario cuya popularidad consiste, precisamente, en haber dado el triunfo al puritanismo. Oliver Cromwell aparece en la historia, más que como el jefe del puritanismo, como el domesticador del puritanismo. Cromwell era un hombre poseído, en su juventud con toda seguridad, y probablemente durante toda su vida, de aquellas sombrías pasiones religiosas generales en su época. Pero a medida que su figura cobra importancia, parece destacarse en él, más que el puritanismo de Escocia, el positivismo de Inglaterra. Él era un señor puritano, pero mucho más señor que puritano, y con él empieza ya ese proceso en que el gobierno de los señores habrá de convertirse del puritanismo al paganismo. Aquí está la causa de todo lo que se ha dicho de él, en elogio y en censura; así se explica cierta relativa cordura, cierta tolerancia y aun cierta modernidad en algunos de sus actos; así aquella grosería, también relativa, aquella crudeza, aquel cinismo y ademán antipático en muchos otros. Era el reverso del idealista; luego era absurdo querer hacer de él un ideal; pero, como la mayoría de los señores, era un inglés genuino, a quien no le faltaban patriotismo ni preocupación por el bien público. Su manera de apoderarse del gobierno, destruyendo un gobierno tan impersonal como ideal, fue, hasta en su sinrazón, un rasgo profundamente inglés. Lo de matar al rey no se me figura cosa muy suya, ni creo que a el se le haya ocurrido primero. Parece más bien una concesión a los altos e inhumanos ideales de los puritanos más extremistas, con quienes tuvo que obrar de acuerdo al principio, aunque, al fin, tuvo que chocar. En este acto no cromwelliano hubo, pues, más lógica que crueldad. Que él, por su parte, trató con crueldad bestial a los nativos irlandeses, a quienes el exclusivismo espiritual a la moda consideraba como bestias. (El eufemismo de hoy les llama «aborígenes».) Porque su temperamento práctico le arrastraba más fácilmente a hacer inhumanidades en lo que él consideraba como últimos límites de la civilización, que no a ejecutar una especie de sacrificio humano en el teatro y centro de la civilización.

Cromwell no es un regicida representativo. En cierto sentido, aquella degollación fue superior a él. Un verdadero regicida la habría hecho en un estado de éxtasis o visión, y él no se sintió turbado por la menor visión. Pero el verdadero choque entre lo religioso y lo racional del movimiento seiscentista aconteció simbólicamente durante aquel fatídico día de Dunbar, en que los frenéticos predicadores escoceses dominaron a Leslie y le obligaron a bajar al valle para ser víctima del sentido común de Cromwell. Cromwell se dijo que era Dios quien le había puesto en sus manos, y, en todo caso, fue el Dios de aquellos hombres, el Dios absurdo y sombrío de los sueños calvinistas, tan opresor como una pesadilla y tan pasajero como ésta.

Aquel día no triunfó realmente el puritano, sino el whig, el inglés de los compromisos aristocráticos. Aun la Restauración, que vino a la muerte de Cromwell, fue un compromiso o transacción aristocrática y del tipo Whig. Tal vez el pueblo se regocijó, como si se tratara de la vuelta de un rey medieval; pero el Protectorado y la Restauración se parecían entre sí más de lo que el pueblo se figuraba. Aun en las cosas superficiales, en que la monarquía restaurada pareció ser una liberación definitiva, no fue más que una tregua. Así, por ejemplo, el régimen puritano se levantó, principalmente, merced a la ayuda del militarismo, cosa desconocida del todo en la Edad Media. Tropas escogidas y profesionales, severamente disciplinadas, pero bien pagadas, fueron el instrumento de poder de los puritanos.

Cierto que estas tropas fueron desbandadas, al fin, y que tanto los Tories como los Whigs, al sobrevenir la Restauración, se oponían a que los ejércitos se reorganizaran.

Pero ello era inminente, porque estaba en el espíritu del nuevo y austero mundo creado por la guerra de Treinta Años. Todo descubrimiento es como una enfermedad incurable, y ahora se había descubierto ya que toda multitud puede transformarse en un ciempiés de hierro, capaz de asustar a multitudes mayores, aunque menos organizadas. Igualmente, los despojos de la fiesta de Navidad hubo que librarlos de los puritanos en la época de la Restauración; pero ya Dickens tuvo que librarlos otra vez de los utilitarios, y todavía será menester que alguien los liberte de manos de los vegetarianos y otros austeros sujetos de este jaez. El extraño ejército pasó y se desvaneció casi como una invasión de musulmanes, pero su paso produjo la alteración que siempre producen el valor armado y la victoria, aun cuando sólo sea una alteración negativa: produjo una ruptura completa en nuestra historia, una ruptura de muchos órdenes, y particularmente en la tradición de nuestras sublevaciones populares. Parece un símbolo verbal el que los puritanos hayan fundado en América la nueva Inglaterra, porque realmente habían tratado de fundarla aquí mismo. Por una paradoja, hay algo prehistórico en la misma crudeza de su novedad.

Aun las cosas más antiguas y rústicas que ellos evocaban, se hacían como más rústicas al renovarse así. Al observar las prácticas de lo que se llama su sábado judío, pudieron haberse visto en el caso de apedrear a los verdaderos judíos. Y todos ellos, y con ellos el espíritu general de su época, transformaron en una verdadera epidemia lo que antes era un mero episodio: los quemaderos de brujas. Los destructores y la cosa destruida desaparecieron juntamente, pero su recuerdo es todavía más noble que cierto legalismo bizantino de algunos cínicos whigs, que aparecen entre los continuadores de su obra. Los puritanos fueron, sobre todo, antihistóricos, como los futuristas de Italia, y había cierta grandeza inconsciente en el hecho de que su mismo sacrilegio fuera público y solemne como un sacramento; hasta al ser iconoclastas eran rituales. Propiamente, el que uno de ellos haya cortado la ungida cabeza del hombre sacramental de la Edad Media ante la multitud agolpada en Whitehall, no es más que un ejemplo secundario de la extraña y violenta sencillez que les era característica. Porque otro de ellos, en los lejanos condados del reino, cortó el espino de Glastonbury, del que había brotado toda la historia de Britania.

XIV
EL TRIUNFO DE LOS «WHIGS»

Podrá o no aceptarse que la Reforma haya reformado de veras; pero es indudable que la Restauración no restauró nada. Carlos II, más que un verdadero rey, fue siempre un jefe de la oposición contra sus propios ministros. Como era un político avisado, supo conservar su puesto oficial; en cambio, su hermano y sucesor, que era político de una nulidad inconcebible, perdió el puesto. Pero el trono, en uno y otro caso, no era ya más que uno de tantos puestos oficiales. En cierto sentido, Carlos II estaba bien dotado para desenvolverse entre las novedades del tiempo. Más que del siglo XVII, parece ya un hombre del XVIII. Era ingenioso como un personaje de comedia, y de comedia de Sheridan, no de Shakespeare. Y más moderno se le ve todavía cuando se deleita con el experimentalismo puro de la Royal Society y examina con apasionada atención aquellos juguetes que habían de transformarse en terribles máquinas científicas. Con todo, tenía, al igual de su hermano, dos puntos de relación con lo que fue siempre en Inglaterra la mala causa: la de perder. El primero, cuya importancia disminuye al correr del tiempo, era el odio a su religión. El segundo, cuya importancia aumenta a medida que nos acercamos al presente siglo, era su liga con la monarquía francesa. Pero antes de pasar a la época de la irreligión, hay que examinar las disputas religiosas, porque la cuestión es harto complicada y difícil de exponer.

Los Tudores comenzaron a perseguir la antigua creencia antes de abandonarla, y ésta es una de esas complejidades propias de las épocas de transición, que sólo pueden expresarse en contradicciones verbales. El hombre típico de la época isabelina creía en el fondo, y lo creía firmemente, que los sacerdotes deben permanecer solteros; pero al mismo tiempo estaba dispuesto a atormentar y destrozar a todo el que fuera sorprendido en tratos con los únicos sacerdotes que se mantenían célibes. Este misterio, que podía explicarse de mil modos, envuelve por completo a la Iglesia británica y hasta al mismo pueblo británico. Ya se vea en este fenómeno una continuidad católica del anglicanismo, o ya una lenta extirpación del catolicismo, es indudable que un párroco como Herrick, por ejemplo, ya en plena época de la guerra civil, estaba lleno de «supersticiones), que eran típicamente católicas, en ese sentido que pudiéramos llamar continental europeo.

Con todo, muchos párrocos de este mismo tipo tenían ya una pasión paralela y opuesta, por decirlo así, pues veían en el catolicismo continental, más que una extraviada Iglesia de Cristo, una positiva y consciente Iglesia del Anticristo. Por eso es hoy tan difícil apreciar la verdadera proporción del protestantismo; pero de su existencia no se puede dudar, y especialmente en los centros importantes como Londres. En tiempos de Carlos II, después de la purga del Terror puritano, tal doctrina se había hecho algo más humana y connatural que el simple exclusivismo del credo calvinista o la astucia de los nobles de la época de los Tudores. La rebelión de Monmouth demostró que ya el protestantismo tenía un apoyo popular, aunque todavía insuficiente.

La fuerza antipapista era ya multitud, aunque nunca llegó a ser pueblo. Acaso era una creciente muchedumbre urbana sujeta, por supuesto, a esa epidemia de engaños parciales con que, hoy por hoy, juega con las muchedumbres urbanas el periodismo sensacionalista. Y una de esas noticias alarmistas (para no usar el nombre mucho menos técnico de «mentiras»), fue la conspiración papista, tormenta que Carlos II supo resistir prudentemente.

Otra fue la fábula del niño escondido en el calentador, de la sustitución del heredero legítimo, tormenta que acabó por arrastrar consigo al rey Jacobo II. Sin embargo, el golpe final hubiera resultado imposible, a no haber sido por unos de esos localismos absurdos, pero casi amables, a que el temperamento inglés es tan inclinado. El debate sobre la Iglesia anglicana, entonces como ahora, difiere de los demás debates en un punto esencial: no es un debate y sobre lo que debe ser una institución, o lo que en ella debiera modificarse, sino sobre lo que es actualmente. Entonces, como ahora, uno de los partidos sólo se interesaba en la Iglesia anglicana, por considerarla católica; el otro, sólo por considerarla protestante. Además, a los ingleses les acontecía algo que no hubiera podido suceder entre escoceses o irlandeses: muchísimos hombres del pueblo eran adictos a la Iglesia anglicana, sin haberse preguntado si era católica o protestante. Seguramente que su poder era distinto del que había tenido la Iglesia medieval, pero muy distinto también del estéril prestigio de la nobleza que se adhirió a la Iglesia anglicana un siglo más tarde. Macaulay, con muy diverso propósito, dedica algunas páginas a probar que los sacerdotes anglicanos del siglo XVII eran como unos servidores de categoría, y nada más. Acaso está en lo justo, pero no llega a percatarse de que tal estado de cosas no era más que la prolongación decadente del sacerdocio democrático de los tiempos medios. Entonces un sacerdote no recibía tratamiento de caballero, pero un campesino recibía el mismo tratamiento del sacerdote. Y en la Inglaterra de entonces, como en la Europa de nuestros días, a muchos les parecía que el sacerdocio era un estado más digno que la nobleza. En suma, que entonces la Iglesia nacional era, al menos, verdaderamente nacional, y esto de un modo vivido para la sensibilidad, aunque vago para la mente. Así, pues, cuando Jacobo II amenaza a esta comunión, suscita en su contra un movimiento mucho más popular que la simple pedantería de los señores Whigs.

Y añádase a esto —aunque generalmente suele olvidarse— el que la llamada influencia papista se consideraba entonces como cosa revolucionaria. El jesuita era, a los ojos del inglés, más que un conspirador, un anarquista. Las especulaciones abstractas son algo que aterroriza al inglés, y especulaciones abstractas como las del jesuita Suárez son cosas de extrema democracia, y aquí ni siquiera soñadas. Los intentos de tolerancia del último vástago de los Estuardos parecían, pues, a muchos; algo tan vacío como el ateísmo.

Los cuáqueros eran los únicos ingleses seiscentistas capaces de cierta abstracción trascendental, y el tímido transaccionismo inglés se estremeció cuando una y otra fuerzas se pusieron de acuerdo. Porque lo que puso de acuerdo a tales extremos filosóficos, por el solo hecho de ser filosóficos, no fue una simple intriga de la casa Estuardo: no fue una simple intriga de los Estuardos lo que condujo al fatigado y caprichoso Carlos II a pactar alianza con el sutil y desinteresado William Penn.

En efecto, gran parte de la opinión inglesa vid con verdadera alarma los planes de tolerancia del Estuardo, sinceros o falsos, pero que le parecían teóricos y, por lo mismo, fantásticos. Aquello era muy avanzado para la época, o, para usar un lenguaje más inteligente, era demasiado tenue y etéreo para tal atmósfera. Y a este apego a lo concreto que manifestaban los ingleses moderados debe añadirse, aunque no sabemos en qué dosis, un odio y casi una manía persecutoria hacia todo lo papista, que, por lo menos, era sincera. El Estado, como hemos visto, había servido durante mucho tiempo de instrumento de tortura contra los sacerdotes y sus partidarios. Se habló entonces de revocar el edicto de Nantes, que igualaba a los hugonotes y a los católicos romanos, pero los "persecucionistas" ingleses nunca tuvieron que revocar tan tolerante edicto. Porque entonces los partidarios de las persecuciones, tanto aquí como en Francia, eran mayoría.

Pero había una provincia en que este partido cometió la locura de perseguir, y de modo todavía más atroz, a la mayoría: aquí llego al colmo y desplegó todo su carácter terrorífico ese lento crimen que se llama gobierno de Irlanda. Imposible sería desmenuzar aquí la trama de imposibles leyes, bajo las cuales se aprisionó a aquella comarca hasta fines del siglo XVIII; baste decir que la actitud de los irlandeses está trágicamente representada, e íntimamente ligada con la expulsión de los Estuardos, en un hecho para siempre imborrable. Jacobo II, huyendo de la opinión de Londres, tal vez de Inglaterra, fue a refugiarse a Irlanda, e Irlanda se alzó en armas para defenderle. El príncipe de Orange, que la aristocracia había llamado al trono, desembarco en aquella comarca con un ejército angloholandés, gano la batalla del Boyne, pero vio sus ejércitos detenidos antes de llegar a Limerick por el genio militar de Patrick Sarsfield. El golpe fue tan rudo, que la paz solo era posible mediante la promesa de la libertad religiosa de Irlanda, concedida a cambio de la rendición de Limerick. El nuevo gobierno inglés ocupo la ciudad, y lo primero que hizo fue quebrantar su promesa. No hace falta comentario ninguno. Era necesario, era fatal, que los irlandeses no olvidaran nunca este acto; pero todavía es más trágico que los ingleses lo hayan olvidado. Porque el que olvida su pecado, lo sigue cometiendo una y otra vez.

Nuevamente se manifestó la torpeza política del Estuardo en materia secular, y, sobre todo, internacional. Los aristócratas, en quienes recayó el Poder después de la revolución, ya no tenían la menor fe sobrenatural en el protestantismo, como cosa opuesta al catolicismo, pero tenían una gran fe natural en Inglaterra, como cosa opuesta a Francia, y también, de cierto modo, en la oposición de las instituciones inglesas contra las francesas.

Y así como estos hombres, los menos medievales que se haya visto, podían jactarse de poseer algunas libertades medievales, como la Carta Magna, el Parlamento y el Jurado, también podían fundar en una legítima leyenda de la Edad Media el propósito de mover guerra a Francia. Un oligarca típico del setecientos, como Horace Walpole, podía quejarse de que, en una visita a una antigua iglesia, el guía le importunara dándole ociosas informaciones sobre un tal San Quien Sabe Cuántos cuando él estaba empeñado en examinar los restos de Juan de Gante. Y así lo declara, con toda la sencillez del escepticismo, y sin percatarse de lo mucho que se aleja de Juan de Gante al hablar así.

Pero, aunque tal concepto de la historia medieval no fuera más que un baile de máscaras, todavía, en cierto sentido simbólico, el inglés podía ponerse la armadura del Príncipe Negro o la corona de Enrique de Monmouth para salir a guerrear con el francés. Para esto bastaba, en verdad, con que los aristócratas fuesen populares, como lo son siempre los patriotas. Cierto es que los últimos Estuardos estaban muy lejos de ser antipatriotas, y Jacobo II, en particular, pudiera decirse que es el fundador de la marina británica. Pero en materia internacional, las simpatías de los Estuardos estaban con Francia; en Francia se refugiaron ambos, el mayor antes, y el menor después de su gobierno; y Francia colaboró en los últimos esfuerzos jacobistas para restaurar el linaje. Para la nueva Inglaterra, y especialmente para la nueva nobleza británica, Francia era el enemigo.

La transformación que las relaciones exteriores de Inglaterra experimentan a fines del siglo XVII queda reducida a dos etapas muy claramente definidas es la primera, la llegada de un monarca holandés, y la segunda, la de un monarca alemán. En la primera aparecen todas aquellas circunstancias que pueden hacer de un rey extranjero un rey natural. En la segunda, hasta las circunstancias que pudieran hacerlo natural, sólo contribuyen a hacerlo necesario. Guillermo de Orange fue como un cañón metido en la brecha de un muro; cañón extranjero, ciertamente, y que sirvió para una contienda más extranjera que inglesa, pero contienda en que Inglaterra y, sobre todo, su aristocracia se jugaban mucho. Pero ya Jorge de Hannover era simplemente un objeto extraño metido en un agujero del muro por los aristócratas ingleses, quienes advirtieron prácticamente que no trataban más que de rellenar el hueco con basura. Guillermo, aunque cínico, pudo crearse la leyenda del más severo y adusto puritanismo. Por sus convicciones privadas, era un calvinista. Pero de Jorge nadie sabe lo que fuera, excepto que no era católico: Guillermo había sido en su tierra un magistrado, en parte republicano, de lo que un tiempo fue un experimento puramente republicano; y esto, a la luz de los ideales del siglo XVII, más claros, si más fríos. Jorge había sido en la suya algo como lo que era en su tierra el rey de las islas de los Caníbales: un gobernante salvaje y personal, ni siquiera lo bastante lógico para merecer el nombre de déspota.

Guillermo era un hombre de inteligencia aguda, aunque limitada; Jorge no era inteligente. Y en cuanto a los inmediatos efectos de su advenimiento, Guillermo se casó con una Estuardo, y subió al trono como de la mano de los Estuardos; era una figura familiar, un miembro de la familia reinante. Pero con Jorge entró en Inglaterra algo nunca visto o muy raras veces; algo que apenas mencionan los escritos de la Edad Media o el Renacimiento, y eso como se menciona al hotentote: el bárbaro de allende el Rin.

El reinado de la reina Ana, que llena el período intermedio entre estos dos monarcas extranjeros, es, pues, la verdadera época de transición: es el puente entre los tiempos en que los aristócratas eran tan débiles que necesitaban solicitar el auxilio de un hombre fuerte, y los tiempos en que eran ya tan fuertes que deliberadamente acudían a un hombre débil para gobernarse por sí mismos. Simbolizar es siempre simplificar, y simplificar demasiado. Teniéndolo presente, no hay riesgo en simbolizar aquel estado de cosas como una lucha entre dos grandes personajes, ambos caballeros y hombres de genio, ambos valerosos y conscientes de sus propósitos, pero diametralmente opuestos en todo lo demás; uno de ellos era Henry St. John, Lord Bolingbroke; el otro, John Churchill, el famoso cuanto infame duque de Marlborough. La historia de Churchill es, ante todo, la historia de la revolución y su éxito; la historia de Bolingbroke es la historia de la contrarrevolución y su fracaso.

Es Churchill un tipo extraordinario, por cuanto ofrece una mezcla de deshonra y de gloria. Cuando la nueva aristocracia se normalizó, algunas generaciones más adelante, produjo tipos de aristocracia, y también de verdadera caballería. La revolución nos redujo al estado de país gobernado por *gentlemen*; las universidades y escuelas populares de la Edad Media, al igual de sus abadías y gremios, habían sido acaparadas y convertidas en lo que son ahora: fábricas de caballeros, cuando no de snobs. Difícil es entender ahora que las que hoy llamamos escuelas públicas, fueron verdaderamente públicas en otro tiempo. Pero la revolución las hizo casi tan privadas como ahora lo son. En el siglo XVIII, al menos, había grandes caballeros, en el generoso y casi exclusivamente generoso sentido que se da hoy a la palabra. Eran tipos no sólo honrados, sino de una honradez romántica y temeraria: se llamaban Nelson y Fox. Ya hemos visto que los últimos reformadores destruyeron por fanatismo las iglesias, que los primeros habían comenzado a destruir por simple avaricia. Asimismo, los Whigs del siglo XVIII, a menudo encomiaban, por mera magnanimidad, lo que los Whigs del siglo XVII habían hecho por mera mezquindad. Para apreciar hasta qué punto era mezquina esta mezquindad, basta recordar que los grandes héroes militares ni siquiera poseían las virtudes militares acostumbradas de lealtad a su pabellón u obediencia a sus superiores, sino que se abrían camino en las campañas que los hicieron inmortales, con el ánimo sigiloso de un ladrón de caminos. Cuando Guillermo desembarcó en Torbay, por invitación de algunos nobles whigs, Churchill, como para dar un toque más a su imitación de Iscariote, se acercó a Jacobo con alambicadas protestas de amor y lealtad, juntó un ejército como para defender la comarca de la invasión, y después se lo entregó tranquilamente al mismo invasor.

Pocos pueden aspirar a realizar tan acabada obra de arte; pero cada uno en su grado, todos los políticos de la revolución estaban cortados por la misma tijera. Cuando rodeaban el trono de Jacobo, apenas habría uno que no estuviera en correspondencia secreta con Guillermo. Cuando más tarde rodeaban el trono de Guillermo, apenas habría uno que no continuara en correspondencia secreta con Jacobo. Fueron éstos los que derrotaron a los jacobitas irlandeses, por la traición de Limerick; éstos, los que derrotaron a los jacobitas escoceses por la traición de Glencoe.

Así, la extraña y espléndida historia de Inglaterra durante el siglo XVIII funda su grandeza en su pequeñez, y es una pirámide que se mantiene sobre la punta. O podemos decir, para variar la metáfora, que la nueva oligarquía mercantil se parecía, aun en las exterioridades, a su grande hermana, la oligarquía mercantil de Venecia. Toda su solidez estaba en su superestructura, y la fluctuación, en los fundamentos. El gran templo de Chatham y Warren Hastings estaba alzado sobre cimientos tan inestables como el agua y tan fugitivos como la espuma. Relacionar el elemento inestable con esa inquietud y esa inconstancia de los señores del mar, es, sin duda, caprichoso. Pero es innegable que, en el origen, si no en las últimas generaciones, nuestra aristocracia mercantil ofrece un espectáculo, demasiado mercantil por cierto, de algo que también se ha notado ya como argumento contra otro ejemplo más antiguo de la misma política, y que se ha llamado *Punica Pides*. El gran monarquista Strafford, al caminar desilusionado hacia la muerte, exclamó : «*Nunca pongáis vuestra fe en los príncipes.*» El gran monarquista Bolingbroke pudo muy bien haber completado: «*Y menos en los príncipes mercaderes.*»

Bolingbroke representa una opinión que pesó mucho en la historia inglesa, pero que el curso posterior de los sucesos hace ya casi imperceptible. Hay que esforzarse por verla claramente, para entender el pasado y aun el porvenir de nuestra nación. Los mejores libros del siglo XVIII están llenos de ella; pero la cultura moderna parece, con todo, no advertirla. El doctor Johnson abunda en ella: así cuando denuncia el gobierno de la minoría en Irlanda, como cuando dice que el diablo fue el primer whig. Boldsmith abunda en ella, y en ella se inspira su bello poema sobre «La aldea abandonada, y la expone teóricamente con gran lucidez en El Vicario de Wakefield. Swift abunda en ella, y se encuentra, merced a ella, en cierta fraternidad intelectual con Bolingbroke. En tiempos de la reina Ana, tal opinión era, probablemente, la opinión de la mayoría del pueblo inglés... Pero no sólo en Irlanda había comenzado a gobernar la minoría.

Esta opinión, tan brillantemente expuesta por Bolingbroke, tenía muchos aspectos; y era, sin duda, el más práctico el que predicaba que una de las virtudes del déspota es la distancia. Lo que envenena la vida humana es el tiranuelo de las aldeas. Esta tesis significa que un buen rey no sólo es una cosa buena, sino la mejor de las cosas. Mas también implica la paradoja de que un rey, aunque malo, es un buen rey, puesto que su opresión se ejerce sobre la nobleza y alivia al pueblo. Si es un tirano, tortura, sobre todo, a los que torturan al pueblo; y aunque a la salud del alma de Nerón puede haberle aprovechado muy poco el asesinato de su madre, no fue una pérdida apreciable para el Imperio. De suerte que Bolingbroke hace del jacobismo un sistema racional. En otros respectos, era un claro y representativo espíritu del siglo XVIII, un librepensador y deísta, y un clásico de la prosa inglesa. Pero también era hombre de genio aventurero y espléndido valor político, y rompió una última lanza por los Estuardos. Fue derrotado por los poderosos nobles del partido de los Whigs, que formaban el Comité del nuevo régimen de la clase media; y considerando quiénes fueron sus vencedores, inútil decir que le vencieron valiéndose de malas artes.

Y subió al trono el principillo alemán, o más bien le plantaron allí como a un muñeco irresponsable, mientras el gran monarquista inglés caminaba al destierro. Reaparece veinte años después, y ratifica su fe, vital y lógica, en la monarquía popular. Y es rasgo elocuente de su distinción y nitidez intelectual el empeñarse en mantener, en nombre de aquel ideal abstracto, al heredero de un rey que había querido eliminar. Era monarquista, no jacobista; no quería la supervivencia de una familia reinante, sino del oficio de reinar, que tanto había exaltado desde su destierro en su grande obra El rey patriota. Convencido de que el descendiente de Jorge era lo bastante patriota, le hubiera querido más rey.

Todavía, en sus últimos años, se arriesga en nuevos intentos, y esto con materia tan pobre como Jorge III y Lord Bute; y cuando éstos se le rompen entre las manos, muere con toda la dignidad del *sed victa Catoni*. La gran aristocracia comercial alcanza entonces toda su magnitud. El bien y el mal de este desarrollo sólo puede apreciarse examinando, del primero al último, lo que fueron los fallidos golpes de Estado de Bolingbroke. En el primero, hizo las paces con Francia y rompió con Austria. En el segundo, su política produjo otra vez la paz con Francia y la ruptura con Prusia. Porque, en el intervalo, la simiente de los caballeros prestamistas de Brandeburgo había prosperado muchísimo, alcanzando esas prodigiosas proporciones que la habían de convertir en tan enorme problema para Europa. A fines de esta época, Chatham, que encarna y crea simbólicamente lo que llamamos el Imperio Británico, estaba en la cima de su gloria y la de su patria. Representaba, en todo, la nueva Inglaterra, la revolución particularmente, en cuanto hay en ella de contradicción aparente a los ojos de muchos, y de verdadera e íntima congruencia. Así, era un whig y hasta lo que hoy llamamos un liberal, como después lo fue su hijo; pero también era un imperialista y lo que hoy llamaríamos un «jingo» o patriotero. Porque el partido Whig era el partido «jingo» de entonces. Era un aristócrata, en el sentido en que eran aristócratas todos nuestros hombres públicos de entonces; pero era, con mucho, un hombre mercantilizado, un verdadero cartaginés.

Poseía, pues, condiciones que tal vez atemperaban, pero no estorbaban del todo, el plan aristocrático: quiero decir, contaba con la clase media. Fue James Wolfe, un joven guerrero de la clase media, el que murió en Quebec mandando la gloriosa expulsión de los franceses; fue Robert Clive, un joven empleado de la Compañía de las Indias Orientales, el que abrió a Inglaterra las doradas puertas de la India. Porque una de las mayores fuerzas de esta aristocracia del setecientos estaba en poder manejar, sin ficciones, a los burgueses ricos; por ahí no había de hundirse el sistema social. Chatham era, además, un elocuente orador parlamentario, y aunque el Parlamento era tan estrecho como un llenado, él era también un gran senador. Esta palabra nos hace recordar aquellas nobles frases romanas que nuestros parlamentarios solían emplear y que son ciertamente clásicas, pero no frías en manera alguna. En cierto modo, nada hay más lejano de este humanismo elegante, aunque muy florido, de esta genialidad principesca y patricia, de este ambiente de libertad y marinería aventurera, que aquel pequeño Estado interior de Potsdam, con sus miserables sargentos instructores, hábiles para forjar, de simples salvajes, simples soldados. Y, sin embargo, su capitán era algo como una sombra de Chatham, proyectada sobre el mundo, como una sombra exagerada y caricaturesca. Los lores ingleses, cuyo paganismo se ennoblecía con el calor del patriotismo, vieron en aquella caricatura algo como una derivación grotesca de sus propias teorías. Lo que era Chatham era paganismo, en Federico el Grande no era más que ateísmo. Lo que en aquél era patriotismo, en este sólo pudiera llamarse prusianismo. La teoría de las repúblicas caníbales, aptas por naturaleza para devorar a otras repúblicas, había cundido ya en el mundo cristiano. La autocracia de Potsdam y nuestra aristocracia, aunque de lejos, caminaban paralelamente, y por un instante pareció que habían unido sus destinos en un matrimonio político. Pero no sin que el gran Bolingbroke, con un estremecimiento mortal, hubiera tratado todavía de impedir las amonestaciones.

XV
LA GUERRA CON LAS GRANDES REPÚBLICAS

Nunca entenderemos el siglo XVIII mientras persistamos en creer que la retórica es artificial por ser artística. Para ninguna de las otras artes hemos incurrido en locura semejante. Hablamos de que un hombre toca «con mucho sentimiento» cuando hace que las teclas de marfil del piano resuenen con orden concertado; o decimos que derrama el alma cuando hace vibrar las cuerdas de un instrumento conforme a una educación tan tremenda como la del acróbata. Pero no podemos quitarnos de encima el prejuicio de que la forma verbal y el efecto verbal son falsos e hipócritas, cuando pretenden ser una cadena entre cosas tan vivas y dinámicas como un hombre y una multitud. Dudamos del sentimiento de tal orador a la antigua sólo porque sus períodos son muy rotundos y compuestos para mejor transmitir su sentimiento. Ahora bien, antes de hacer crítica alguna del siglo XVIII, hay que convenir previamente en su perfecta sinceridad artística.

Su oratoria era poesía sin ritmos, y tenía todo el contenido humano de la poesía. Ni siquiera puede decirse que fuera una poesía amétrica, porque aquel siglo está lleno de grandes frases —proferidas a menudo en instantes solemnes— que tienen esa palpitación y ritmo del canto, como si al hablar se recordara un tono musical. La frase de Nelson: «*In honor I gained them, in honor I will die with them*» (Con honor las gané, con honor las llevaré hasta la muerte), tiene más ritmo que muchos de los llamados versos libres. La de Patrick Henry: «*Dadme libertad o dadme la muerte*», puede ser un verso de Walt Whitman.

Entre sus muchas perversidades elegantes, los ingleses tienen la de pretender ser malos oradores; pero la época más característica de nuestro siglo XVIII deslumbra por su abundancia de oradores brillantes. En Francia puede haber mejores escritores, pero no quien hable como en Inglaterra. El Parlamento cometió muchas faltas, pero fue siempre lo bastante sincero para ser retórico. El Parlamento estaba corrompido, lo mismo que ahora, aunque los ejemplos de corrupción servían a menudo de verdaderos ejemplos en el sentido de avisos morales, mientras que hoy sólo son ejemplos en el sentido de modelos por imitar. Entonces, como ahora, el Parlamento no hacía caso de los distritos electorales, pero tal vez los electores no eran tan indiferentes como hoy para con el Parlamento. Lo mismo que ahora, el Parlamento era un centro de snobs, pero tal vez respetaba más las categorías sociales y temía menos a la riqueza. Y en todo caso, el Parlamento era un Parlamento; cumplía su deber más elemental, hablando y empeñándose en hablar bien.

No se limitaba, como ahora, a hacer las cosas directamente por la mera incapacidad de hablar de ellas, sino que era, para gloria de nuestra patria, algo como una tienda de palabras, y nunca una simple tienda para vender y comprar puestos y provechos. Y el cuidado que los hombres de aquel siglo ponían en la oratoria era, como en el caso de cualquier otro artista, una prueba en pro —no en contra— de su sinceridad. Un elogio entusiasta en labios de Bruke es cosa tan elaborada y rica como un soneto amoroso; pero porque Bruke es un entusiasta sincero, como es sincero el enamorado. Una frase condenatoria de Junius es cosa tan compuesta como un tósigo del Renacimiento; pero porque Junius, en el caso, estaba realmente indignado, como un envenenador. Y el que se haya penetrado de esta verdad psicológica no podrá dudar un instante del sincero entusiasmo por la libertad entre los aristócratas del siglo XVIII, cuyas voces resonaban como el tañido de un clarín sobre el mundo. Como quiera que se interpreten sus abstenciones inmediatas, aquellos hombres obraban sinceramente al hablar de la sacra memoria de Hampden o de la majestad de la Magna Carta. Entre aquellos patriotas, a quienes Walpole llamaba los «muchachos», había muchos que eran realmente patriotas, o, mejor dicho, realmente muchachos. O, si se prefiere, entre los aristócratas Whigs había muchos verdaderos whigs, en todos los sentidos ideales, que hacían de aquel partido una defensa legal contra los tiranos y cortesanos. Pero si alguien quiere inferir del hecho de que los aristócratas Whigs fueran whigs alguna duda respecto al hecho de que fueran verdaderos aristócratas, se le puede contestar con una prueba. Hay muchas pruebas en contra; por ejemplo: las leyes del juego y las leyes de los vallados que se aprobaron en aquel tiempo o el estricto código del duelo y la definición del honor en que aquellos hombres insistían tanto. Y si todavía hay quien se pregunte si estoy en lo justo llamando a aquello aristocracia, y democracia al tiro contrario, he aquí la prueba histórica en que me apoyo: cuando el republicanismo apareció de hecho en el mundo, aquellos hombres libraron contra él (o, si se prefiere, contra «ellos») dos grandes batallas. América y Francia, en efecto, revelaron la verdadera naturaleza del Parlamento inglés. El hielo puede brillar como una chispa, pero a presencia de la verdadera chispa se descubre que es hielo. Así, cuando la ola de fuego de la Revolución alcanzó los esplendores helados de los Whigs, se oyó un chirrido y hubo una lucha: la lucha del fuego que quiere fundir el hielo, del agua que quiere apagar la llama.

Ya se ha visto que una de las virtudes de los aristócratas era la libertad, sobre todo la libertad dentro de sí mismos. Pudiéramos ahora añadir que una de las virtudes de los aristócratas era el cinismo; no les embarazaban esas convenciones a la moda, con sus rígidos figurones de palo: el hombre bueno, llamado Washington, y el mal hombre, llamado "Boney". Por lo menos, se daban clara cuenta de que la causa dé Washington no tenía una blancura tan evidente, ni la de Napoleón una negrura tan evidente como lo pretenden los más de los libros que andan por ahí. Sentían cierta admiración natural por el genio militar de Washington y de Napoleón, y miraban. con el mayor desdén a la Real familia alemana. Pero, como clase social, ellos estaban contra Napoleón y contra Washington, y contra ambos por las mismas razones: porque ambos estaban por la democracia.

Por no entender este punto fundamental —especialmente en el caso de América—, se han cometido muchas injusticias al juzgar al gobierno aristocrático inglés de aquella época. Tienen los ingleses cierta tendencia a equivocarse, que se manifiesta particularmente en que, mientras se consideran muchas veces justificados (como en el caso de Irlanda), cuando están del todo injustificados, otras veces se dan fácilmente por injustificados (como en el caso de América) cuando no les falta alguna buena razón en que apoyarse. El gobierno de Jorge III impuso ciertas cargas a la comunidad colonial de la costa oriental de América. Según el derecho y los precedentes, no estaba muy claro que el gobierno imperial se extralimitase al imponer estas reglas a los colonos, ni las reglas eran por sí mismas tan tremendas que justificaran una protesta por parte de la común casuística revolucionaria. Los oligarcas whigs tenían sus errores, pero en manera alguna eran desafectos a la libertad, sobre todo a las libertades locales, ni tampoco a sus aventureros parientes de allende el mar. Chatham, el jefe supremo de la nueva y nacionalísima nobleza, la representaba muy bien en cuanto a estar limpio de la menor mancha de liberalidad o inquina contra las colonias. Él las hubiera hecho libres y las hubiera favorecido, con tal de poder conservarlas como colonias. Burke, que era entonces la voz elocuente del partido Whig, y que más tarde había de demostrar hasta qué punto era la voz misma de la aristocracia, iba todavía más lejos. Aun North estaba dispuesto a transigir; y aunque el loco de Jorge III hubiera querido oponerse, ya había fracasado el plan de Bolinbroke para la recuperación del Poder monárquico. La razón que asistía a los americanos, lo que realmente los justificaba en aquella disputa, era algo mucho más profundo que la disputa. Ellos no luchaban contra una muerta monarquía, sino contra una aristocracia viva; y así, declararon la guerra a algo mucho más sutil y formidable que el triste y anciano rey Jorge. Con todo, la tradición popular, especialmente en América, quiere representarnos la guerra como un duelo entre Jorge III y Jorge Washington; y ya hemos tenido ocasión de advertir que semejantes representaciones, aunque gráficas por extremo, son, a veces, falaces. La cabeza del rey Jorge no era de más utilidad en el trono que en la muestra de una taberna ; y todavía la muestra sería una señal verdadera, una señal de los tiempos: significaría que en aquella taberna, por ejemplo, no se vendía cerveza inglesa, sino alemana; significaría todo aquel aspecto de la política whig representado en la conducta de Chatham, que era tolerante para América a secas, pero intolerante para América aliada de Francia. Aquella tablilla, en suma, significaría el acercamiento a Federico el Grande; significaría la alianza anglogermana que mucho tiempo después había de convertirse en teoría de la antigua raza teutona.

 Hablando claro, confesemos que América obligó a la guerra. Quería separarse; otro modo de decir que quería ser libre. No reparaba en sus pecados como colonia, pero insistía en sus derechos como república. El efecto negativo de una diferencia tan nimia nunca hubiera trastornado al mundo, a no contar con el efecto positivo de un gran ideal, que fue realmente una grande y nueva religión. La justificación de los colonos estaba en que se sentían capaces de ser algo, y sentían —con razón— que Inglaterra no les ayudaría a serlo. Inglaterra, probablemente, les hubiera otorgado toda clase de concesiones y privilegios constitucionales, pero nunca la igualdad; no digo la igualdad con la metrópoli, sino la mutua igualdad de los colonos. Chatham hubiera transigido con Washington, porque Washington era un caballero; pero para Chatham, un país no gobernado por caballeros era inconcebible. Burke parece que estaba dispuesto a concederlo todo a América, pero no todo lo que América era capaz de alcanzar por sí misma. Ante el espectáculo de la democracia americana, se hubiera horrorizado tanto como ante la democracia francesa, y nunca hubiera podido estar con democracia alguna. En suma, los Whigs eran aristócratas liberales y hasta generosos, pero aristócratas el cabo; por eso sus concesiones eran tan vanas como sus conquistas. Aquí tenemos la costumbre de hablar, con una humildad extraña en nosotros, del triste papel que hicimos cuando la separación de América. No sé si ello aumentará o disminuirá las razones para sentirse humilde, pero siempre he sospechado que tuvimos muy poco que ver con todo eso; yo creo que contamos muy poco en el asunto. Nosotros no desterramos a los colonos americanos, ni ellos fueron arrojados por nosotros siguieron, simplemente, la luz que los guiaba.

La luz vino de Francia, como los ejércitos de Lafayette que acudieron en auxilio de Washington. Francia estaba en plena lucha con aquella tremenda revolución espiritual, que pronto habría de transformar la faz del mundo. Su doctrina, iconoclasta y creadora, fue muy mal entendida entonces, como todavía lo es, no obstante la espléndida claridad de estilo con que la exponen Rousseau en su Contrato Social y Jefferson en la Declaración de Independencia americana. Dígase en muchos países modernos la palabra «igualdad», y miles de imbéciles se alzarán a un tiempo para alegar que, mirados de cerca, hay algunos que son más altos o más hermosos que los demás. ¡Como si Danton no hubiera advertido que era más corpulento que Robespierre, o Washington no se hubiera percatado de que tenía mejor presencia que Franklin! No es este sitio adecuado para hacer una exposición filosófica; bástenos aquí decir, por vía de parábola, que cuando declaramos la igualdad de todos los peniques, no queremos dar a entender que todos tienen la misma apariencia, sino que son iguales en su carácter absoluto, en su cualidad más in: portante; que son monedas de cierto valor, y que, doce juntas, dan un chelín. Esto, prácticamente hablando; que, hablando a lo simbólico o místico, aún pudiéramos añadir que todas llevan igualmente la imagen del rey. Y el carácter más práctico de igualdad, así como el más místico, es, para los hombres, el llevar todos por igual la imagen del que es Rey de los reyes. Sin duda que esta idea na sido el fondo de toda cristiandad, aun en las instituciones menos populares, por la forma de lo que pudo ser, por ejemplo, el populacho de las repúblicas medievales de Italia. Al dogma de igualdad de deberes corresponde el de igualdad de derechos. Todas las autoridades cristianas admiten que es tan malo asesinar a un pobre como a un rico, o saquear una casa sin elegancia como una casa amueblada con estilo y gusto. Pero el mundo se había ido alejando más y más de estas nociones elementales, y nadie estaba más lejos de ellas que los aristócratas ingleses. La idea de la igualdad de los hombres no es, en sustancia, más que la idea de la importancia del hombre. Pero esta idea resultaba chocante e indecente a una sociedad cuya poesía y cuya religión consistían precisamente en la importancia del gentilhombre o caballero.

Tanto era como ver presentarse a un hombre desnudo en pleno Parlamento. Falta aquí espacio para explicar todo el aspecto moral de la cuestión; pero basta lo anterior para que se vea el tiempo que pierden los que alegan contra la igualdad la diferencia de tipos o talentos humanos. Quienes entienden que dos monedas valgan lo mismo, aunque una brille más que la otra, debieran entender también que dos hombres tengan igual voto, aunque uno brille por su talento y el otro deslumbre por su estupidez. Y si todavía se pagan con su sólida objeción de que algunos hombres son más estúpidos que otros, no puedo hacer más que convenir con ellos, solemnemente, en que algunos son muy estúpidos.

Unos cuantos años después de que Lafayette volviera de combatir por la república americana fue expulsado de su patria por oponerse a la fundación de la república en Francia. Tal, era el ímpetu y furia del nuevo espíritu, que el republicano del Nuevo Mundo vino a ser el reaccionario del Mundo Antiguo. Porque cuando Francia pasó de la teoría a la práctica, la cuestión quedó planteada en términos tales que no era posible aplicarle las soluciones del experimento previo, hecho sobre una población escasa y en una costa colonial. La más poderosa de las monarquías parecía fundirse, como un ídolo de hierro monstruoso e inconmensurable, dentro de un horno todavía mayor, e, irse remodelando en un nuevo contorno tan colosal como el antiguo, pero aún no comprensible para los hombres. Por lo menos, muchos no podían comprenderlo, y menos que nadie la aristocracia liberal de Inglaterra. Desde luego, no le faltaban buenas razones para mantener una política contraria a Francia, fuera ésta real o republicana. En primer término, había que alejar toda amenaza extranjera de las costas flamencas; y, en menor grado, había que atender a la rivalidad colonial, en que tanta gloria nos habían ganado la política de Chatham y las armas de Wolfe y Clive. La primera de estas razones la hemos visto en nuestros tiempos trastornarse con una singular ironía. A fin de alejar al francés de Flandes, nos arrojábamos, con creciente fraternidad, en brazos de los alemanes. De este modo alimentábamos y mimábamos conscientemente al poder que, más tarde, había de devorar a Bélgica, como nunca Francia la hubiera devorado, y que nos había de amenazar, a través del mar, con terrores que el francés no hubiera soñado. Pero había ciertamente profundos motivos que explicaban la continuidad de nuestra actitud para con Francia, antes y después de la Revolución. La Revolución, lógica e históricamente fue un paso del despotismo a la democracia; y la oligarquía dista tanto de aquél como de esta.

Cayó la Bastilla, y esto, a los ojos de los ingleses, no fue más que la transformación de un «déspota» en un «demos». Surgió el joven Bonaparte, y a los ojos de los ingleses no fue esto más que la retransformación del *demos* en déspota. Y no era error el considerar ambas fases como formas alotrópicas de la misma sustancia. Y esta sustancia era la igualdad. Porque cuando millones de hombres están sujetos por igual a una ley, poco importa que, de paso, también estén sujetos a un mismo legislador: es uno mismo el nivel de la sociedad. Lo que los ingleses nunca han entendido en Napoleón, en sus millones de estudios sobre su misteriosa personalidad, es su enorme dosis de impersonalidad. Con esto he dicho ya la poca importancia que tuvo. Él dijo un día: «*Pasaré a la Historia con mi código en la mano*»; pero en cuanto a los efectos prácticos, que tanto difieren del renombre y la fama, sería mucho más cierto decir que su código había de pasar a la Historia con la huella de su mano en una firma un tanto ilegible. Así, su testamento legal rompió poderosos Estados y llevó la alegría a los campos, en sitios donde su nombre mismo es maldecido o casi ignorado. Durante su vida, es natural que el esplendor de sus hazañas militares haya obsesionado las miradas, como el resplandor de los relámpagos; pero la lluvia consiguiente cayó después con cierto silencio; sólo quedó su frescura.

Apenas hay que recordar que, tras de destruir, una tras otra, las coaliciones de los Estados, en batallas que quedan por obras maestras del arte militar, Napoleón fue detenido por dos fuerzas en cierto modo populares: la resistencia de Rusia, la resistencia de España. La primera, como tantas otras cosas rusas, era, por mucho, una resistencia religiosa; pero en la segunda se dejó ver más claramente algo que aquí nos importa mucho: el valor, vigilancia y alto espíritu nacional de la Inglaterra del siglo XVIII. La larga campaña española reveló y llevó a la victoria al gran soldado irlandés, conocido más tarde bajo el nombre de Wellington, que había de alcanzar mayor fama cuando, enfrentándose a Napoleón, logró derrotarle en la batalla decisiva de Waterloo.

Wellington, aunque demasiado lógico para ser un verdadero inglés, era un tipo característico de nuestra aristocracia; no le faltaban ni la ironía ni la independencia de espíritu. Pero para entender hasta qué punto aquellos aristócratas se mantenían dentro de los estrechos límites de su clase; hasta qué punto ignoraban lo que estaba sucediendo en su tiempo, baste recordar que Wellington se figuraba haber aplastado a Napoleón con decir de él que no era un verdadero gentleman. Si un chino avisado y culto dijera, refiriéndose a Gordon el Chinesco: «*No es un verdadero mandarín*», no haría más que convencernos de que las instituciones sociales de China merecen su reputación de rígidas e incomprensibles.

El nombre mismo de Wellington nos trae a la memoria otro nombre, y también la idea de que este otro nombre, aunque verdadero, es inadecuado. Mucho hay de cierto en el dicho de que nunca el inglés lo es tanto como cuando está lejos de la patria, y nunca descubre tanto el sabor de su tierra como cuando está en el mar. Algo hay en la psicología nacional a que nunca se ha puesto nombre, salvo el nombre excéntrico y extraordinario de Robinson Crusoe, nombre que es tanto más inglés cuanto que es imposible encontrarlo en Inglaterra. Es lícito dudar de que un chico francés o alemán desee ver transformados en desiertos sus campos de cereales o vides, pero cuántos chicos ingleses no desearían que su isla se transformara en isla desierta. Aun me atrevo a decir que el inglés es demasiado insular para tolerar la vida en una isla; que el inglés sólo vive plenamente cuando su isla se arranca del suelo, cuelga en los aires como un planeta o vuela como un pájaro. Y, por rara contradicción, un día el verdadero ejército inglés encontróse a bordo de los barcos; los insulares más valientes se encontraron distribuidos sobre el movedizo archipiélago de una gran flota. Como fulgor imperecedero, parecía brillar por los aires la leyenda de la Armada Invencible: aquélla era una inmensa flota poseída con la gloria de haber sido antaño una flota pequeña. Mucho antes de que Wellington contemplara los campos de Waterloo, ya los navíos habían cumplido su misión y destrozado a los navíos franceses en aguas españolas, dejando sobre los mares, como una luz emblemática, el recuerdo de la vida y muerte de Nelson, que murió con sus condecoraciones en el pecho y la mano sobre el corazón. Porque la memoria de Nelson es verdaderamente mítica. La hora de su muerte, el nombre de su barco, parecen preñados de aquella plenitud épica que los críticos llaman el juego de las coincidencias, y los profetas, la mano de Dios. casta sus errores y quiebras son heroicos, y en el sentido más puro y clásico, porque sólo tuvo caídas como las de un héroe legendario, vencido a manos de una mujer, que no por enemigo varón. En él se ha encarnado lo que: el espíritu inglés tiene de más puramente poético, tan poético que se imagina a sí mismo de mil modos, y hasta se imagina prosaico. En tiempos no remotos, en plena era de las luces, en un país que se concibe a sí mismo como tierra de negociantes y calculadores, donde la gente usa ya sombreros de copa y las chimeneas de las fábricas han comenzado a erigirse como torres de funeral eficacia, este hijo de un humilde clérigo aparece hasta el fin envuelto en una nube resplandeciente, y engendra con su vida un cuento fantástico. Ha de sobrevivir como perenne lección para los que se obstinan en no entender a Inglaterra, como misterio indescifrable para los que de entenderla se jactan. De hecho, condujo sus naves a la victoria, y murió en aguas extranjeras; pero, en símbolo, hizo mucho más: produjo algo indescriptible, algo íntimo, algo que suena como a proverbio nativo: fue el hombre que quemó sus barcos y el que prendió fuego al Támesis para siempre.

XVI
LA ARISTOCRACIA Y LOS DESCONTENTOS

Consiste la tragedia de muchas cosas vulgares en que, siendo intrínsecamente delicadas, acaban por hacerlas groseras de un modo mecánico. Todo el que ha visto, por ejemplo, la primera luz del día, cuando entra por la ventana, sabe que la luz del día no sólo tiene toda la belleza, sino todo el misterio de la luz de la luna. Es la sutileza misma de los colores del sol lo que hace descolorido el amanecer.

Lo propio acontece con el patriotismo, y singularmente con el patriotismo inglés, que, aunque ahumado con nieblas verbales y gases densos, es en sí mismo tan tenue y tan suave como una atmósfera. El nombre de Nelson, que cierra el capítulo anterior, compendia muy bien esta situación; porque a todo el mundo le suena y le pega como a trasto viejo de hojalata, siendo así que aquella alma tenía algo de la finura y fragilidad de un jarrón del siglo XVIII. En efecto; vemos que los temas más manoseados que con Nelson se relacionan tenían en su tiempo y en su vida un sentido verdadero, aunque para nosotros hayan degenerado ya en letra muerta. Por ejemplo: la expresión inglesa «corazones de roble» representaba muy bien los mejores aspectos de aquella Inglaterra que la usaba como su frase predilecta. Aun como simple metáfora material, la frase era significativa de la época: porque de roble no sólo se hacían porras, no sólo barcos de guerra. La clase media inglesa no daba a entender con tal frase que se consideraba como un hatajo de brutos. La sola palabra «roble» evoca el recuerdo de aquellos oscuros y admirables interiores de los colegios y casas de campo donde los grandes señores, no degenerados, casi hicieron del latín una lengua inglesa, cargándolo de vino inglés.

Aquel mundo había de ser imperecedero, al menos en parte. Porque su fulgor otoñal pasó a los pinceles de los grandes retratistas ingleses, a quienes se concedió, mucho más que al resto de los hombres, el don de conmemorar a toda la gente de su comarca; y así inmortalizaron una sociedad tan vasta y tan plácida como la obra de sus pinceles.

Acercaos, por el ángulo emocional, a una tela de Gainsborough, que pintaba a las damas como se pintan paisajes, grandes e inconscientes en su repose, y notareis con cuánta finura logra el artista comunicar la cualidad divina de la distancia a la tela del traje que vuela hacia el fondo del cuadro. Y entonces entenderéis mejor otra frase, ya sin sentido, que solían decir los hombres del mar; la frase se articulará en vuestra mente llena de novedad, como entre compases de música, y con palabras que os parecerán nunca oídas: «*For England, home and beauty.*»

No pretendo, al decir esto, hacer murmuraciones insustanciales sobre la gran burguesía que hizo la gran guerra en tiempo de nuestros padres. Con murmuraciones no puede penetrarse el valor profundo de aquella sociedad. Vivía ésta dentro de una clase exclusiva, mas no con una vida exclusiva, y se interesaba en todas las cosas, ya que no en todos los hombres. Mejor dicho: cuando excluyó algunas cosas de su radio, en virtud de las limitaciones propias del sistema racionalista, que llena el intervalo del misticismo medieval al moderno, no nos parece que incurriera en actos de ligereza inhumana. La mayor brecha que había en su alma, para los que como brecha lo consideran, era su completo y complaciente paganismo. Hasta en sus pudores dejaba ver el olvido de la antigua fe; los que aún la conservaban, como Johnson, eran excéntricos. La asonada de la Revolución francesa acabó aun con los ritos funerales del cristianismo; y a ella siguieron infinitas complicaciones, y, entre otras, una resurrección. Pero el escepticismo de aquella sociedad no era una mera orgía oligárquica; no se reducía al Club del Fuego Infernal, que, por la elocuencia misma de su nombre, muy bien pudiera considerarse como manifestación relativamente ortodoxa. El escepticismo flotaba en la atmósfera de la más inofensiva clase media, como en la obra maestra que la representa, en La Abadía de Northanger, de Jane Austen. Abadía que ahora sólo recordamos como antigüedad, y apenas como abadía. No hay mejor ilustración de aquel estado social que lo que pudiéramos llamar el ateísmo de Jane Austen.

Por desgracia, también podemos decir con razón del gentleman inglés de aquel tiempo, como de cualquier galanteador o gracioso, que su honor se funda en la deshonra.

Su situación recuerda la de aquel aristócrata de la novela en cuyo esplendor se nota la mancha negra de un secreto y como la sombra de una exacción. Desde luego, en la historia de su ascendencia encontramos una lamentable paradoja. Los héroes pretendían descender de los dioses, de seres superiores a ellos; pero nuestro gentleman es superior a sus ascendientes. Su gloria no data de las grandes Cruzadas, sino de los Grandes Saqueos.

Sus padres no llegaron con Guillermo el Conquistador, sino que asistieron simplemente, y de cierto modo equívoco, a la llegada de Guillermo de Orange. Sus propias hazañas fueron a veces románticas en los sultanatos de la India o en los combates de los barcos de madera; pero, en cambio, los hechos de sus abuelos se distinguen por su triste realismo.

En esto, la nueva aristocracia se, parecía más a los mariscales de Napoleón que a los caballeros normandos, aunque su situación era mucho peor porque los mariscales solían descender de campesinos y pastores ; pero los oligarcas, de usureros y ladrones. Y ésta

Era —cualidad o defecto— la gran paradoja de Inglaterra: el aristócrata típico era también el advenedizo típico.

Y peor aún: porque no sólo había un robo en el origen de la familia, sino que también lo había en sus hábitos actuales. Es una amarga verdad que, durante el siglo XVIII, durante toda la era de los grandes discursos whigs sobre la libertad, y los grandes discursos tories sobre el patriotismo, la época de Wandewash y Plassy, la de Trafalgar y Waterloo, en el senado central de la nación se iba operando claramente un cambio. El Parlamento aprobaba uno y otro proyecto encaminado a autorizar a los señores a cercar las tierras que aún quedaban en estado de propiedad comunal, como residuos del gran sistema de la Edad Media. Los Comunes destruían las comunas: no es equívoco, es la ironía fundamental de nuestra historia política. Aun la palabra «comuna» pierde entonces su significado moral, y sólo conserva un miserable sentido topográfico, como designación de algunos matorrales y muladares indignos del robo. En el siglo XVIII corrían sobre estos desperdicios de tierra comunal unas historias de salteadores de camino, que todavía se conservan en la literatura. En esas leyendas se hablaba de ladrones, sí; pero no de los verdaderos ladrones.

Tal era el pecado secreto de los caballeros ingleses: eran humanos, pero arruinaban a los hombres. Su ideal, y aun la realidad de su vida, nos resultan más generosos y espirituales que la espesa brutalidad de los capataces puritanos o de los nobles de Prusia; pero la tierra parecía marchitarse ante sus sonrisas, como ante el ceño de un invasor.

Como al cabo eran ingleses, conservaban, por lo menos y a su manera, cierto buen natural; pero su posición era de lo más falso, y una posición falsa obliga a la brutalidad, aun cuando se sea bien inclinado. La Revolución francesa fue como un reto que vino a revelar a los Whigs la absoluta necesidad de entregarse plenamente a la democracia, o de confesarse que no eran más que unos aristócratas. Y como en el caso de Burke, su expositor filosófico, se decidieron por la aristocracia. Resultado: el Terror Blanco, el período de la represión antijacobina, que puso al descubierto sus verdaderas simpatías mucho más que todas sus campañas extranjeras. Cobbet, el último y más grande de aquellos burgueses de la pequeña casta de hacendados, a quien las grandes propiedades y estados iban devorando por instantes, fue encarcelado por sólo haber protestado contra el hecho de que los mercenarios alemanes azotaran a los soldados ingleses. Y en aquella dispersión salvaje de un mitin pacífico, que fue la matanza de Peterloo, se usó, en efecto, de soldados ingleses, pero con un ánimo más bien alemán. Y nótese —y es la sátira más amarga que de la época puede hacerse— que la represión de la burguesía antigua era obra de soldados que todavía llevaban el título de burguesía: Yeomanry (Guardias reales).

El nombre de Cobbet tiene aquí particular importancia. Generalmente se le ignora, por lo mismo que es importante. Cobbet fue el único que entendió el conjunto de las tendencias de la época, y las desafió en su conjunto; naturalmente, se quedó desamparado.

Es característico de la historia moderna que para aquietar a las masas basta divertirlas en un combate; y basta un combate, porque generalmente el combate es un simulacro.

Así sabemos que el sistema de los partidos ha llegado a ser popular, sólo en el sentido en que es popular un partido de fútbol. En tiempos de, Cobbet, la oposición de los bandos era algo más sincera, pero casi ya tan superficial. La antigua burguesía agrícola del setecientos y la nueva burguesía mercantil del ochocientos estaban divididas por una diferencia de apreciación sobre cosas externas. En la primera mitad del siglo XIX hay algunas verdaderas disputas entre el caballero y el mercader. El mercader, convertido a la importante doctrina del Libre Cambio, acusa al caballero de matar de hambre a los pobres, encareciendo el pan para conservar sus privilegios agrarios; y el caballero le contesta, no sin razón, acusándole a su vez de agobiar al pobre con infinitos trabajos fabriles para conservar su preponderancia mercantil. La aprobación de las bases fabriles ("Factory Acts") fue una confesión de la íntima crueldad que se solapaba bajo los nuevos experimentos industriales, así como la derogación de las leyes de cereales ("Corn Laws") fue una confesión de la debilidad e impopularidad relativas de la clase de los squires, que habían llegado a destruir hasta los últimos restos de la fuerza rural con que pudo haberse defendido el campo contra la fábrica.

Estas disputas verdaderas o casi verdaderas nos han llevado hasta la mitad de la era victoriana. Pero mucho antes de que ésta se inicie, ya Cobbet ha visto —y lo declara— que estas disputas sólo tenían una realidad relativa. Más bien pudo decir, en aquel su estilo robusto, que carecían por completo de realidad. Pudo decir que la sartén agrícola y la caldera industrial se estaban achacando el tizne mutuamente, aunque tiznadas ambas al fuego de la misma cocina. Y, en lo sustancial, hubiera acertado, porque el gran discípulo industrial de la caldera, James Watt (que aprendió de ella la lección de la máquina de vapor), era un hombre de su tiempo, por cuanto encontró a los gremios mercantiles muy decaídos y atrasados para poder ayudarle en sus descubrimientos, y entonces recurrió a la rica minoría que había combatido y debilitado a los gremios desde el día de la Reforma.

No había sartén rústica bastante próspera, como la que invocara Enrique de Navarra, para poder entrar en alianza con la caldera. En otras palabras: no había verdadera cosa pública o riqueza pública, porque la riqueza, aunque cada vez mayor, cada vez era menos pública o común. Sea materia de descrédito o crédito, ello es que la ciencia y empresa industriales eran, en suma, un nuevo experimento de la antigua oligarquía; y la antigua oligarquía siempre había estado dispuesta a arriesgarse en nuevos ensayos, comenzando por la Reforma. Y es signo evidente de la clara inteligencia de Cobbet —disimulada a los ojos de muchos bajo su temperamento fogoso— el haber visto en "la Reforma la doble raíz del poder de los propietarios y del industrialismo, y haber convocado al pueblo para combatir contra ambos males. Y el pueblo hizo más por secundarlo de lo que la gente se figura.

Esta nuestra historia, escrita por snobs, tiene unos mutismos lamentables. Cuando la clase educada logra aplacar fácilmente una revuelta, menos trabajo le cuesta todavía el suprimir la mención del hecho. Así aconteció con algunos aspectos fundamentales de aquella gran revolución medieval, cuyo fracaso, o más bien traición, fue la verdadera crisis de nuestra historia. Lo propio aconteció con las sublevaciones contra la política religiosa de Enrique VIII; y también con los incendios de graneros y saqueos de talleres de la época de Cobbet. Por un instante aparece en nuestra historia la cara del populacho, pero lo bastante para descubrir uno de los caracteres inmortales del verdadero populacho: el ritualismo.

Nada hay que sorprenda tanto al doctrinario antidemocrático como la vanidad carnavalesca de tantas y tantas cosas que la acción democrática directa ejecuta con toda seriedad y a la luz del día; precisamente le sorprenden por poco prácticas, como la oración o la poesía. Los revolucionarios franceses asolaron una prisión vacía sólo porque era basta y sólida y difícil de asolar, es decir: simbólica de la poderosa máquina monárquica de que no era más que el cobertizo. Los sublevados ingleses hicieron materialmente añicos la piedra del molino de una parroquia sólo porque era grande y dura y difícil de romper; es decir: simbólica de la poderosa máquina oligárquica que molía incesantemente los huesos de los pobres. También uncieron a un carro al agente de cierto tiránico propietario, y le anduvieron arreando por todo el pueblo, sólo para exhibir al cielo y a la tierra su repugnante persona. Pero después le dejaron en libertad, y esto, como quiera, es signo de una modificación nacional en el movimiento. Es típico de las revoluciones inglesas tener carreta, pero no guillotina. Estas ascuas revolucionarias fueron brutalmente apagadas; el molino continuó (y continúa) moliendo lo que, arriba se ha dicho, y en casi todas las crisis políticas ulteriores es la multitud la que ha tirado del carro. Pero, desde luego, tanto las revueltas como la represión de Inglaterra no fueron más que una sombra de lo que había de ser la tremenda sublevación y venganza con que el mismo conflicto estalló en Irlanda. Allá, el terrorismo, que en manos de los aristócratas ingleses no había sido más que un arma transitoria y desesperada (y que, para hacerles justicia, era impropia de su condición, porque no tenían la crueldad enfermiza ni la inflexibilidad lógica que el terrorismo requiere), dentro de aquella atmósfera mucho más espiritual, se transformó en la espada ardiente del religioso, y llegó a ser un frenesí de la raza. Pitt, el hijo de Chatham, era completamente incapaz de ocupar el puesto de su padre, y ni siquiera puedo imaginarle capaz de ocupar el que la Historia le concede.

    Porque si él era enteramente digno de la inmortalidad, sus expedientes irlandeses, aun considerándolos como excusables en aquellos momentos, no fueron ciertamente dignos de la inmortalidad. Estaba sinceramente convencido de la necesidad nacional de suscitar coaliciones de pueblos contra Napoleón, derramando la riqueza comercial, casi exclusiva de la Inglaterra de entonces, en las manos de sus pobres aliados; y no cabe duda que esto lo logró con talento y constancia. Al mismo tiempo tuvo que enfrentarse con la hostil rebelión de Irlanda y con un Parlamento irlandés que era parcial o potencialmente hostil.

Al Parlamento lo derrotó con el cohecho más escandaloso, y a aquélla la aplacó con la más escandalosa brutalidad, aunque bien pudo creerse con títulos para hacer de tirano.

Pero no sólo se valía del recurso del pánico, o en todo caso, del peligro, sino que —y esto no ha sido bien comprendido la única verdadera defensa de los recursos de Pitt consiste en ser recursos de pánico y peligro. Estaba dispuesto a emancipar a los católicos en su calidad de católicos, porque la preocupación religiosa no era el vicio de la oligarquía; pero no estaba dispuesto a conceder la emancipación de los irlandeses en su calidad de irlandeses. No es que pretendiera alistar a Irlanda como una recluta, sino desarmarla como a un enemigo. De modo que su posición resultaba desde el principio tan falsa, que no era posible que arreglara nada. La Unión puede haber sido una necesidad, pero la Unión no era tal unión. Como que no estaba trazada para serlo, ni nadie la había considerado así. No sólo hemos fracasado siempre en anglizar a Irlanda, como afrancesaron a Borgoña, sino que nunca lo hemos intentado. Borgoña bien puede enorgullecerse de un Corneille, aunque Corneille sea normando; pero Irlanda nos haría sonreír si quisiera enorgullecerse de Shakespeare. Nuestra vanidad nos ha hecho incurrir en una contradicción: hemos querido combinar la identificación con la primacía. Es sencillamente pueril reírse de un irlandés cuando hace de inglés, e injuriarle cuando hace de irlandés. La Unión ni siquiera ha aplicado a Irlanda leyes inglesas, sino meras coerciones y concesiones dictadas especialmente para Irlanda. Y desde Pitt hasta nuestros días, ha continuado esta alternación vacilante; desde los días en que el gran O'Connell, con sus monstruosos mítines, obligó a nuestro gobierno a escuchar la voz de los que pedían la emancipación católica, hasta el día en que el gran Parnell, con su obstrucción, obligó a nuestro gobierno a atender a los que pedían el régimen autonómico ("Home Rule"), nuestro vacilante equilibrio sólo se ha podido mantener por medio de golpes externos. A fines del siglo XIX comenzó a desarrollarse el mejor de los procedimientos aplicables al caso. Glandstone, liberal idealista aunque inconsecuente, comprendió algo tarde que la libertad de que era tan partidario en Grecia y en Italia también exigía sus derechos dentro de la casa; y entonces puede decirse que la elocuencia y el énfasis de su conversión le dieron, a las puertas del sepulcro, una segunda juventud. Y un estadista que pertenecía al otro partido adivinó que Irlanda, si estaba resuelta a ser nación, más lo estaba a ser un pueblo rural. George Kyndham, generoso, imaginativo, hombre perdido entre los políticos, insistió en que aquella agonía agraria de desahucios, fusilamientos y alquileres exorbitantes, determinaría, como lo había dicho Parnell, el que los irlandeses acabaran por adueñarse de las haciendas y propiedades. En muchos sentidos, su obra parece coronar románticamente la tragedia de la rebelión contra Pitt, porque el mismo Wyndham era de la sangre del jefe revolucionario, y su escrito es la única reparación que hasta hoy se ha hecho por toda la sangre, vergonzosamente derramada, que corrió cuando la caída de Fitzgerald.

En Inglaterra el efecto fue menos trágico; en cierto sentido, fue cómico. Wellington, que era irlandés, aunque de la minoría, era muy realista; y, como muchos de sus paisanos, era especialmente realista para juzgar a los ingleses. Un día dijo que su ejército era la escoria de la tierra, y su dicho no pierde valor por el hecho de que su ejército haya resultado lo bastante útil para ser abono de la tierra. En todo caso, aquel ejército era como un símbolo nacional y un guardián del secreto de la nación. Los ingleses, a diferencia de los irlandeses y escoceses, son una paradoja viviente, porque toda versión formal de sus proyectos y principios siempre resulta falsa y les hace poca justicia. Inglaterra no sólo ha hecho de escombros sus murallas, sino que se encuentra con murallas hechas dondequiera que amontona escombros. Elogio justificado, si elogio es reconocer que aun en sus fracasos acierta. Algunas de sus mejores colonias eran establecimientos penales, y hasta puede decirse que establecimientos penales abandonados. El ejército estaba formado, sobre todo, de, pájaros de cuenta reclutados en las prisiones; pero era un buen ejército de malos hombres; más aún: era un alegre ejército de hombres infortunados. Tal es el color y carácter de la historia inglesa, y es difícil encontrarlo en los libros, y menos si son libros de Historia. Resplandece a veces en nuestras ficciones fantásticas, como en las tonadas callejeras. Pero vive sobre todo en la conversación. Carece de nombre, como no sea el de incongruencia. En el alma inglesa todo lo domina una risa ilógica. Así, y con notable paciencia, la risa pareció sobrenadar en los días del terror, mientras que los irlandeses, mucho más serios, se sublevaban. Aquella época está sumergida en un torbellino de tiranía; pero el inglés, humorista, sólo conserva la cabeza para acomodarse al general escándalo. En efecto, a menudo acepta una sentencia absurda de algún tribunal de policía, diciéndose para sus adentros que siempre podrá contrariarla. Así, bajo el régimen de represiones de Pitt, pusieron preso a uno por haber dicho que Jorge IV era muy obeso; pero imaginamos que le ha de haber ayudado a soportar el cautiverio la contemplación artística de lo muy obeso que era el rey. Esta especie de libertad, de humanidad —y no es mala especie—, logró sobrenadar entre las corrientes y remolinos de un pésimo sistema económico, las intimidaciones de una época reaccionaria y las secas amenazas de una ciencia social tan materialista como la que encarnan los nuevos puritanos —tan puros ya, que hasta de la religión se han purificado—. Y en este largo proceso, lo peor que puede decirse es que el humorista ingles ha ido descendiendo, poco a poco, en la escala social; si Falstaff era un caballero, Sam Weller ya es el criado de un caballero, y algunas de las restricciones más recientes parecen encaminadas a reducir a Sam Weller al estado del «Ingenioso Trampista». Pero todavía fue una fortuna para nosotros que sobreviviera este andrajo de tradición, esta sombra de recuerdo de la «Alegre Inglaterra»; y una fortuna también, como veremos, que toda nuestra ciencia social fracasara y toda nuestra política quedara vencida ante ella. Porque pronto había de escuchar el tañido de una trompeta anunciando el temeroso día del castigo, en que todos los obreros de una torpe civilización habían de salir de sus casas y de sus agujeros, como en una resurrección de los muertos, para encontrarse desnudos, bajo los fulgores de un sol extraño, y sin más religión que su sentido humorístico. Y los hombres reconocerían a la nación de aquel Shakespeare que se soltaba haciendo chistes y retruécanos entre la tormentosa pasión de sus tragedias, al oír los gritos de aquellos mozos que marchaban a través de Francia y de Flandes, diciendo: «Early Doors!», con festivas reminiscencias teatrales, cuando iban a forzar las puertas de la muerte en la más temprana juventud.

XVII
LA VUELTA DE LOS BARBAROS

Ya hemos dicho que la única manera de escribir una historia popular es escribirla al revés: tomad, por ejemplo. los objetos comunes que nos encontramos al paso por la calle, y contad cómo y cuándo vinieron a dar a la calle. Para mi propósito inmediato conviene, en efecto, que examinemos dos objetos comunes que toda la vida hemos considerado como artículos de moda y respetabilidad. Uno, algo escaso en estos últimos tiempos, sea el sombrero de copa; el otro, cuyo uso es todavía indispensable, pongamos que sean los pantalones. La historia de este par de objetos ridículos nos da la verdadera clave de lo que ha pasado en Inglaterra durante los últimos cien años. No hace falta ser un maestro de estética para darse cuenta de que ambos objetos son precisamente el reverso de la belleza, si se les aprecia con lo que pudiéramos llamar el aspecto racional de la belleza. El contorno de las piernas humanas es posible que sea muy bello, como también lo son las líneas en que la tela suelta suele plegarse; pero no pueden ser bellos dos cilindros demasiado sueltos para seguir el contorno de la pierna, y demasiado estrecho para caer como cae esa tela suelta. No se necesita tener un sentido singular de la armonía para darse cuenta de que hay cientos de formas de sombreros proporcionados, y que un sombrero que se va ensanchando hacia arriba, por la copa, está, en cierto modo, invertido. Pero ya no es tan fácil darse cuenta de que este par de objetos fantásticos, que aparecen a nuestros ojos como un par de caprichos inconscientes, fueron un día caprichos conscientes.

Nuestros antecesores —seamos justos— no los consideraban como indiferentes o vulgares: los consideraban, si es que no ridículos, por lo menos extravagantes. El sombrero alto era la última palabra del dandismo exagerado de la Regencia, y los petimetres llevaban pantalones, mientras que los hombres de trabajo seguían usando calzón corto. En los pantalones, probablemente hay cierto contagio de orientalismo; y ya los últimos romanos los veían como un afeminamiento oriental. Hay contagios de orientalismo en muchos florecimientos de aquella época: en los poemas de Byron, en el Pabellón de Brighton...

Pero lo curioso es que, durante un siglo lleno de seriedad, estos instantáneos caprichos hayan persistido como unos fósiles. En el Carnaval de la Regencia, unos cuantos locos se vistieron de fantasía, y he aquí que todos nos hemos quedado en traje de máscara. Por lo menos conservamos el traje y hemos perdido la fantasía. La cosa es característica de la era victoriana. Porque lo más importante que sucedió entonces fue que no sucedió nada.

El alboroto que hicieron para unas cuantas modificaciones secundarias pone de relieve la rigidez con que se conservaron las líneas principales de la arquitectura social, tal como estaban en los días de la Revolución francesa. Se acostumbra hablar de la Revolución como de algo que cambió la faz del mundo; pero en Inglaterra no cambió nada. De suerte que el que estudie nuestra historia, más que estudiar los efectos que la Revolución produjo, estudia los que no produjo. Si sobrevivir a la inundación es espléndido, a la oligarquía inglesa sea concedido este esplendor. Pero aun para los países en que la Revolución fue realmente una sacudida, fue la última sacudida anterior a los grandes estremecimientos actuales. Ella imprimió carácter a todas las repúblicas, que sólo se preocuparon ya del progreso y vivir de acuerdo con su tiempo. Los franceses, a despecho de reacciones superficiales, se han conservado tan republicanos en espíritu como lo eran cuando usaron la primera chistera. Los ingleses, a pesar de reformas superficiales, se han conservado tan oligárquicos en espíritu como lo eran cuando se pusieron los primeros pantalones. Sólo una potencia puede decirse que se haya desarrollado, y eso de un modo prosaico y afanoso: aquel Estado del Nordeste cuyo nombre es Prusia. Y los ingleses cada vez estaban más convencidos de que este desarrollo no debía alarmarlos, puesto que los germanos del Norte eran sus primos, por la sangre, y sus hermanos, por el espíritu.

Así, pues, el fenómeno más saliente del siglo XIX es que Europa se mantuvo casi inmóvil, si se la compara con la Europa de la gran guerra actual, y que Inglaterra se mantuvo casi inmóvil, si se la compara con el resto de Europa. Admitido esto, ya podemos dar su verdadero valor a los tímidos cambios internos operados en nuestro país, tanto a los pequeños y conscientes como a los vastos e inconscientes. La mayoría de los cambios conscientes están cortados por el modelo del gran Plan de Reforma de 1832.

Este Plan de Reforma, visto con ojos sinceros de reformador, no reformó nada. De pronto provocó una marejada de entusiasmo popular que, al enfrentarse con él, se desvaneció. El Plan sirvió para dar derechos a las masas de la clase media y para arrebatarlos a los individuos de la clase trabajadora, y de tal manera rompió el equilibrio entre los elementos conservadores y los temibles elementos de la república, que la clase gobernante resultó fortalecida. El dato es importante, no como dato inicial de la democracia, sino como el principio del mejor medio que jamás se haya inventado para posponer y evadir el problema democrático. De aquí el tratamiento homeopático de la revolución, que tan preciosos resultados ha dado. Una generación más tarde, Disraelí, el brillante aventurero judío, representativo de una aristocracia inglesa que ya no era genuina, extendió los beneficios del Plan de Reforma a los artesanos, en parte, realmente, como un ataque de partido contra su gran rival Gladstone; pero más como un método, mediante el cual era imposible dar un desahogo a la presión popular, y después, refrenarla mejor. Los políticos declararon que ya la clase obrera era lo bastante fuerte para tener derecho al voto; la verdad es que ya era lo bastante débil para dejarla votar sin peligro.

Así, en tiempos más recientes, la cuestión del pago de los parlamentarios, que antes hubiera sido considerada (y resistida) como una mengua de las fuerzas populares, fue aprobada tranquilamente sin oposición y considerada como una simple extensión de los privilegios parlamentarios. Si la antigua oligarquía parlamentaria abandonó su primera línea de trincheras, es que se había construido ya otra mejor; mediante la concentración de fondos políticos comerciales en el poder privado y económico de los políticos, fondos procedentes de la venta de títulos de Par y otras cosas más importantes, y aplicables al mangoneo de las costosísimas elecciones. Ante este formidable obstáculo, un voto resultaba tan valioso como un billete de ferrocarril cuando hay una interrupción permanente en la línea. Y la fachada y exterior de este nuevo gobierno secreto consistía en la simple aplicación mecánica del llamado sistema de partidos. Este sistema no consta, como se supone, de dos partidos, sino sólo de uno. Si hubiera realmente dos partidos, no habría sistema.

Si tal fue la revolución de la reforma parlamentaria que produjo el Plan de Reforma, apreciaremos otro de sus efectos en la reforma social, atacada inmediatamente después de dicho Plan. Es una verdad como una torre que una de las primeras cosas que hizo el nuevo Parlamento fue el establecer aquellos tremendos e inhumanos talleres-hospicios, que lento los radicales honrados como los honrados conservadores estigmatizaban con el negro apodo de la «nueva Bastilla». Este amargo nombre resuena a través de nuestra literatura, y el curioso podrá encontrarlo en las obras de Carlyle y Hood; pero más que una comparación correcta, es un signo de la indignación que provocó en la opinión contemporánea. Fácil es imaginar a los lógicos y oradores legales de la escuela parlamentaria del progreso complaciéndose en señalar puntos de diferencia y hasta de contraste entre estos talleres y la Bastilla. La Bastilla era una institución central, y los talleres eran muchos, y derramaron por todos los rincones del país cuantas simpatías y cuantos estímulos son de esperarse de tales instituciones. A la Bastilla mandaban frecuentemente a sujetos de alta calidad y a gente rica; pero la administración de los talleres-hospicios, mucho más práctica, nunca incurrió en semejante error. A pesar de las más caprichosas arbitrariedades de las *lettres de cachet*, había antes cierta vaga idea tradicional de que a un hombre sólo se le aprisionaba como castigo. Pero la nueva ciencia social descubrió que también se puede aprisionar a los que no merecen castigo. Además, hay entre la antigua y la nueva Bastilla una diferencia fundamental: a ésta no se ha atrevido nunca el pueblo, ésta no ha caído todavía.

    La nueva ley sobre la mendicidad tampoco fue enteramente nueva, porque no era más que la culminación de un principio presentado en la anterior ley isabelina, la cual fue, a su vez, uno de los muchos efectos antipopulares del Gran Saqueo. Cuando el saqueo de los monasterios y la anulación del sistema medieval de hospitalidad, la vagancia y la mendicidad vinieron a constituir un problema que siempre se ha tendido a resolver mediante la esclavitud, aun en los días en que la esclavitud se ha distinguido ya claramente de la crueldad. Claro está que a un hombre desesperado le parecerán menos crueles Mr. Bumble o la comisaría que el dormir a la intemperie y a ras del suelo, en caso de que le dejaran dormir en el suelo. (Cosa que, por un verdadero escándalo de estupidez y de injusticia, no es permitida; porque es inicuo castigar a un pobre diablo que se duerme sobre un basurero, sin más causa que la muy obvia de que no tiene recursos para conseguirse una cama.) Es evidente que le sería mejor meterse en un asilo, como en tiempos del paganismo hubiera podido vender su libertad. En uno y otro caso, la solución es la esclavitud, aun cuando Mr. Bumble o los guardias no sean crueles para con él, en el sentido común de la palabra. También el pagano podía tener la suerte de encontrar un amo bondadoso. El principio de la nueva ley sobre la pobreza, que ha demostrado tener muy hondas raíces en nuestra sociedad, es éste: el hombre, por causa de la pobreza, y nada más, pierde todos sus derechos cívicos. Algo hay de ironía, pues dudo que sea simple hipocresía, en el hecho de que el Parlamento que aprobó estas reformas haya sido el mismo que abolía la esclavitud negra, comprando a los propietarios de esclavos de las colonias británicas. Cierto que esta compra se efectuó a un precio tan enorme que parecía un chanchullo; pero negar la sinceridad del sentimiento que motivó este acto, sería desconocer el espíritu nacional. Wilberforce, el abolicionista, representó aquí ese sentimiento religioso que data de Wesley, y que es una reacción humana, verdaderamente filantrópica contra el calvinismo. Pero en el espíritu inglés hay siempre algo romántico que apunta hacia las cosas remotas. Y éste es el mejor ejemplo de lo que los hombres pierden por la previsión. También es verdad que ganan mucho; por ejemplo: poemas que parecen aventuras y aventuras que parecen poemas.

 En todo caso, es un matiz nacional, ni bueno ni malo en sí mismo, y depende de la aplicación que se le dé el que podamos calificarlo, con el texto de la Escritura, como un anhelo de volar con las alas de la mañana y perderse en lo más remoto de los mares, o con el proverbio que dice: «*el que a lo lejos divisa, no mira donde pisa*».

En cuanto a los movimientos inconscientes del siglo XIX, tan lentos que fingen la inmovilidad, también caminaban hacia ese tipo filantrópico representado en los talleres-hospicios.

Pero tenían que combatir con una institución nacional que ni siquiera era oficial, y en cierto sentido, ni siquiera política. La «Trade Union» moderna es de inspiración, de creación genuinamente inglesa: toda Europa la conoce por el nombre inglés. Fue la expresión inglesa de ese esfuerzo europeo contra la tendencia del capitalismo a culminar en sistema de esclavitud. Y también tiene un interés psicológico cautivador, porque es una vuelta al pasado en hombres que ignoran el pasado; uno de esos actos subconscientes que ejecutan, a veces, los que han perdido la memoria.

Sabido es que el pasado se repite, y lo más curioso es que se repita inconscientemente. No hay en el mundo hombre más ignorante de las cosas medievales que el obrero inglés, si exceptuamos a su patrono. Pero basta la más leve noción de la vida medieval para percatarse de que la moderna «Trade Union» es un tanteo hacia el gremio de antaño.

Cierto es que entre los que ven con buena cara la «Trade Union», o tienen bastante perspicacia para llamarle gremio, no se descubre la menor huella de misticismo medieval o de moralidad medieval; por eso su actitud es un tributo tanto más sorprendente y desconcertante a la moralidad medieval: como que posee la aplastante lógica de la coincidencia. Si tantos y tantos cabezudos ateos han sacado de su conciencia la noción de que cierto número de solteros o solteras deben reunirse a vivir juntos en celibato para provecho de los pobres, o para la observancia de ciertos oficios y horas, ¿qué mejor argumento en favor de los monasterios? Y mejor que mejor si nuestros ateos nunca han oído hablar de monasterios; y más aún si odian hasta la palabra monasterio. Asimismo, el argumento es más fuerte, porque el hombre que pone su confianza en las «Trade Unions» no se considera católico ni cristiano, Sino simplemente socialista gremial. El movimiento tradeunionista ha tenido que salvar muchos obstáculos, incluso el intento-ridículo por parte de algunos abogados de condenar la solidaridad de la «Trade Union» a título de conspiración criminal. ¡Y eso que la misma profesión de abogado es el más famoso y brillante ejemplo que de semejante solidaridad pueda darse! Esta lucha culminó a los comienzos del siglo XX en huelgas gigantescas, que rajaron al país en mil partes. Pero, a todo esto, otra fuerza, respaldada por mayores poderes, comenzaba a manifestarse. El principio representado por la nueva ley sobre la pobreza continuó su camino, y le modificó en cierto modo, aunque manteniendo su objeto. Para explicar este fenómeno, diremos que los mismos patronos que organizaban los negocios se pusieron a organizar la reforma social. Por eso decía pintorescamente un aristócrata cínico en pleno Parlamento: «*Ahora todos somos socialistas.*» Los socialistas, grupos de hombres completamente sinceros, guiados por algunos hombres conspicuos, habían insistido para meterle a la gente en la cabeza la idea de que la no interferencia en el trueque conduce a la absoluta esterilidad. Los socialistas propusieron que el Estado no sólo interviniese en los negocios, sino que los manejara, pagando a todos como a jornaleros iguales, o al menos como a jornaleros. Los patronos se resistían a abandonar su posición para transferirla al Estado; y así, a este proyecto se le echó tierra encima. Pero los políticos más prudentes se manifestaron dispuestos a mejorar los salarios, y especialmente a conceder algunos otros beneficios, siempre que fuesen concedidos a modo de salarios. De aquí una serie de reformas sociales que, para bien o para mal, llevaban el mismo camino: el permiso a los empleados, para solicitar ciertas ventajas en calidad de empleados, y como clase permanentemente distinta de los patronos. Los principales ejemplos son: las disposiciones tomadas sobre responsabilidad de los patronos, pensiones a la vejez y, como paso más decisivo, la legislación de seguros del trabajo.

Esta última en particular, y en general todo el plan de la reforma social, eran una imitación del modelo germánico. Toda la vida inglesa de esta época aparece realmente dominada por Alemania. Ya hemos alcanzado el colmo de esa influencia acaparante que comenzó en el siglo XVII, fue consolidada por las alianzas militares del XVIII, y que el XIX transformó en una filosofía, por no decir mitología. La metafísica alemana ha sutilizado nuestra teología, hasta el punto de que la convicción más solemne de muchos sobre el Viernes Santo era que la palabra viernes (en inglés «friday») procede de la palabra germánica «freya». La historia germana se había anexionado a la historia inglesa, al punto de que para todo patriota inglés era un deber enorgullecerse de ser germánico. El genio de Carlyle, la cultura predicada por Matthew Arnold, aunque persuasivos por sí mismos, no hubieran bastado a producir semejante efecto sin el auxilio de alguna externa y poderosa energía. Nuestra política interna había sido transformada por nuestra política exterior; y esta estaba cada vez más dominada por los pasos decisivos del prusiano, erigido ya en príncipe indisputable de las tribus germánicas, y resuelto a extender la influencia alemana sobre el mundo. Dinamarca era desposeída de dos provincias; Francia, de otras dos; y aunque la caída de París se sintió en todas partes como la caída de la capital de la civilización, como un nuevo saco de Roma por los godos, mucha gente influyente de Inglaterra no vio en ella más que el sólido éxito de nuestros parientes y aliados de Waterloo. Los meto. dos morales que condujeron a esto, el escamoteo a merced de las pretensiones del Augustenburgo, la falsificación del telegrama de Ems, o fueron disimulados con habilidad, o no claramente apreciados. Ya en nuestra ética como en nuestra teología, la alta crítica había hecho irrupción. También nuestro concepto de Europa se había torcido y desproporcionado por el accidente muy natural de la desconfianza con que Europa veía la cuestión de Constantinopla y nuestra ruta de India, asunto que llevo a Palmerston, y más tarde a otro ministro, a ayudar a los turcos, figurándose que, el único enemigo era Rusia. Esta reacción algo cínica está representada en la extraña figura de Disraelí, que hizo un convenio en favor de Turquía, donde se nota toda su indiferencia nativa por los súbditos cristianos de Turquía, y lo selló en Berlín ante la presencia de Bismark. Disraelí no dejaba de comprender las incongruencias y engaños de la conducta inglesa, y a propósito de ello dijo algunas cosas inteligentes; sobre todo, cuando en la escuela. de Manchester declaró que su divisa era «Paz y Abundancia, con el pueblo muriéndose de hambre y el mundo en armas». Pero lo que dijo de paz y abundancia puede servir de comentario a lo que dijo de la paz con honor. Al volver de la conferencia de Berlín, bien pudo haber dicho: «*Os traigo una paz con honor; paz, donde está en germen la más terrible de las guerras; honor, donde sois juguetes y víctimas del viejo bravucón de Berlín.*»

Como lo hemos visto, era sobre todo en materia de reformas sociales en lo que Alemania parecía guiarnos y haber descubierto el secreto redentor del pecado económico.

En materia de seguros del trabajo, que fue la prueba decisiva, se aplaudía a Alemania porque obligaba a sus obreros a reservar una parte de sus salarios para el caso de enfermedad. Y muchas otras disposiciones en Alemania e Inglaterra iban a lo mismo: a proteger a los pobres en detrimento de su provecho. En todo se veía que una potencia extraña metía su cuchara en el plato de la familia; pero nadie hacía caso del malestar que esto pudiera causar, pues toda disposición contraria a esta conducta era considerada como fruto de la ignorancia, y ya la ignorancia era entonces poderosamente atacada por lo que se llama la educación, empresa inspirada también, con mucho, por el ejemplo de Alemania, y en parte, por su competencia comercial. Se había creído advertir que los gobernantes y grandes patronos alemanes consideraban digno de su grandeza el aplicar la mayor organización y la más minuciosa investigación de detalles a la cultura de la raza germánica. El Gobierno era aptísimo para disciplinar eruditos como disciplinaba soldados y las empresas de negocios eran aptísimas para manufacturar espíritus como manufacturaban materiales. Entonces la educación inglesa se hizo obligatoria, se hizo libre; muchos hombres bienintencionados y entusiastas se consagraron a crear una escala de reglas y exámenes que pusieran en contacto a los más expertos de la clase baja con la cultura de las Universidades inglesas y la enseñanza corriente de la Historia y la Filosofía. Pero no puede decirse que este contacto haya sido muy completo, o su realización tan perfecta como en Alemania. Sea lo que fuere, el inglés pobre siguió siendo, en muchas cosas, lo que había sido su padre, y pareció decirse a sí mismo que la alta crítica era cosa demasiado alta aun para atreverse a criticarla.

Y, al fin, vino un día en que fracasamos. Y, a ser sabios, hubiéramos dado gracias a Dios. Sin duda que la educación, si de educación se hubiera tratado, es cosa muy noble; educación en el sentido de tradición central de la historia, con su libertad, honor familiar, y su caballería, que es la flor del cristianismo. Pero, ¿qué habría aprendido el populacho de nuestro tiempo, si realmente hubiera aprendido lo que en nuestras escuelas y Universidades se enseñaba? Que Inglaterra no era sino una pequeña rama del gran árbol teutón; que una impenetrable simpatía espiritual, circundante como el mar, nos había hecho siempre los aliados naturales del gran pueblo de allende el Rin; que toda la luz viene de Lutero y de la luterana Alemania, cuya ciencia estaba todavía purgando al cristianismo de sus purulencias grecorromanas; que Alemania era un bosque destinado a crecer; que Francia era un montón de estiercol destinado a desaparecer, un montón de estiércol sobre el cual cantaba un gallo. ¿A que había de conducir la escala de la educación sino a una plataforma en que un profesor farsante demostraba que un primo hermano era lo mismo que un primo germano? ¿Qué hubiera aprendido el deshollinador al graduarse, sino a abrazar amorosamente al sajón, que era la otra mitad del anglosajón?

Al fin, vino el día... Y los pobres ignorantes se encontraron con que tenían mejor cosa que aprender; y se prestaron a ello mucho más que sus compatriotas educados, por lo mismo que no tenían nada que desaprender.

Aquel sobre cuya honra tanto se había dicho y cantado, se agitó de pronto y pasó la frontera belga. Y entonces se desplegaron a los asombrados ojos de los hombres todos los encantos de su cultura y los beneficios de su organización; entonces, como en una aurora súbita, reconocimos la luz que habíamos estado siguiendo, y la imagen que habíamos pretendido imitar. Jamás en la historia humana la ironía de Dios había decidido juntar en una catástrofe tamañas locuras para confundir a los sabios. La turba común de los pobres e ignorantes ingleses, como éstos sólo sabían que eran ingleses, rompió las polvosas telarañas de cuatrocientos años, y llegó a donde sus abuelos estaban; sus abuelos, que sólo sabían que eran cristianos. Los ingleses pobres, derrotados en todas las sublevaciones, vejados de mil modos, despojados inmensamente, primero de sus propiedades y después de sus libertades, irrumpen en la historia como entre el clamor de las trompetas, y en solos dos años se transforman en uno de los ejércitos de hierro del mundo. Y cuando la crítica de los políticos y la literatura, percatándose, al cabo, de la heroicidad de la hazaña, busca con los ojos al héroe, sólo ve una multitud anónima.

CONCLUSIÓN

En este libro tan pequeño, dedicado a tan vasto asunto, presurosamente acabado entre los apremios de una enorme crisis nacional, absurdo sería pretender las proporciones armoniosas; pero declaro que fue mi empeño corregir una desproporción. Se habla de perspectiva histórica, y yo encuentro un exceso de perspectiva en la Historia; porque es la perspectiva lo que hace de un gigante un enano y de un enano un gigante. El pasado es como un gigante que se pierde a la distancia y tiene sus pies cerca de nosotros; a veces, los pies son de arcilla. Con harta frecuencia, en la Edad Media sólo queremos ver el crepúsculo, aun cuando admiremos sus colores; y el estudio de un hombre como Napoleón solemos reducirlo al estudio de «La última etapa». Hay quien considera razonable tratar detalladamente de la antigua Sarum, y, sin embargo, consideraría ridículo tratar detalladamente de las costumbres jurídicas de Sarum; hay quien es capaz de construir en los jardines de Kensington un monumento de oro a Alberto, mayor que el que jamás se haya construido en memoria de Alfredo. Yo creo que la historia inglesa ha sido mal entendida, porque los historiadores no dan con la crisis principal. Dicen que esta crisis afecta al periodo de los Estuardos, y muchos relatos de nuestro pasado padecen del mismo mal que Mr. Dick. Pero, aunque la historia de los Estuardos fue una tragedia, yo creo que también fue un epílogo.

Sospecho, en efecto —no podría ser más que una sospecha—, que el trastorno fundamental sobrevino a la caída de Ricardo II, y cuando éste fracasó en emplear el despotismo medieval para provecho de la democracia medieval. Inglaterra, como las otras naciones de la cristiandad, no es un producto de la muerte de la civilización antigua, sino de su salvación de la muerte, de su actitud reacia ante la muerte. La civilización medieval brota de la resistencia contra los bárbaros, contra la desnuda barbarie del Norte y la más sutil del Oriente. Y se desarrolla en libertades y gobiernos locales, bajo el poder de monarcas que regían los grandes negocios de la guerra y los tributos. Y así, en nuestra guerra de campesinos del siglo XIV, el rey y el populacho pactan por un momento una alianza consciente. Ambos sentían que había algo más fuerte que ellos: la aristocracia. La aristocracia que asalta el Parlamento y se erige en Parlamento. Como su mismo nombre lo indica, la Cámara de los Comunes fue en un principio una asamblea de hombres llanos, convocados por el rey como para un jurado; pero pronto adquiere un carácter singular.

Para fortuna o desgracia, pronto se transforma en un poderoso organismo de gobierno, y sobrevive a la Iglesia, a la monarquía y al pueblo, y hace muchas cosas, no pocas buenas.

Creación suya es el Imperio británico; y, lo que realmente vale más, acaba por crear una aristocracia nueva y natural, más humana y más humanitaria que las más de las aristocracias. Con claro sentido de los instintos del pueblo —al menos hasta los últimos tiempos—, respeta la libertad, y, sobre todo, la risa, que casi había venido a ser la religión de la raza. Pero, al mismo tiempo, hizo también otras dos cosas que consideraba como partes esenciales de su política: ponerse del lado de los protestantes, y después, y casi como una consecuencia, ponerse del lado de los alemanes. Hasta estos últimos tiempos, los ingleses más ilustrados estaban honradamente convencidos de que, en ambos casos, esto era ponerse al lado del progreso y contra la decadencia. Y lo que ahora se estarán preguntando muchos de ellos inevitablemente, y se preguntarían sin necesidad de mis preguntas, es si tal conducta no habrá significado más bien una alianza con la barbarie para combatir a la civilización.

Por lo menos, si hay algo innegable en esta visión histórica que ofrezco, ello es que hemos regresado al punto de origen, y otra vez estamos en pugna contra los bárbaros. Y me resulta tan natural que ingleses y franceses se encuentren en el mismo campo, como el que Alfredo y Abbo combatieran juntos en el siglo negro, cuando los bárbaros saqueaban a Wessex y asediaban a París. Pero tal vez, hoy por hoy, son menos seguros los signos que distinguen la victoria espiritual de la material. Las ideas están hoy más mezcladas, se complican en matices finísimos y se solapan con bellos nombres. Yo sólo tengo un criterio fundamentalmente moral y político para juzgar del aliento del salvajismo que el salvaje, al retirarse, deja en pos de sí como una peste en el aire. El alma del salvajismo es la esclavitud bajo su complicada máscara de maquinismo y cultura, el régimen de Alemania para con el pobre no es más que la recaída de los bárbaros en el régimen de la esclavitud. En el camino de nuestras reformas actuales, yo no veo medio alguno de salvación; habrá que hacer otra vez lo que hicieron los medievales cuando la otra derrota de los bárbaros: comenzar, con gremios y pequeños grupos independientes, la restauración gradual de la propiedad personal del pobre y de la libertad personal de la familia. Si esto desean realmente los ingleses, la guerra les ha permitido al menos demostrar, a los que pudieron dudarlo, que no han perdido el valor y la capacidad de sus padres, y que saben realizar lo que se proponen. Si no es esto lo que desean, si sólo han de continuar moviéndose al ciego impulso de la disciplina social aprendida de Alemania, entonces no nos queda más que lo que ha llamado Belloc —sagaz descubridor de esta gran corriente sociológica— el Estado Servil. Y entonces sería lícito inclinarse a desear que la ola de la barbarie teutónica hubiera arrasado nuestros ejércitos. y que el mundo sólo recordara que el último de los ingleses había muerto por la libertad.

FIN